Catalogue illustré du salon de ...

Société nationale des beaux-arts (France). Salon, Société nationale des beaux-arts (France)

Salon de 1905

CATALOGUE ILLUSTRÉ

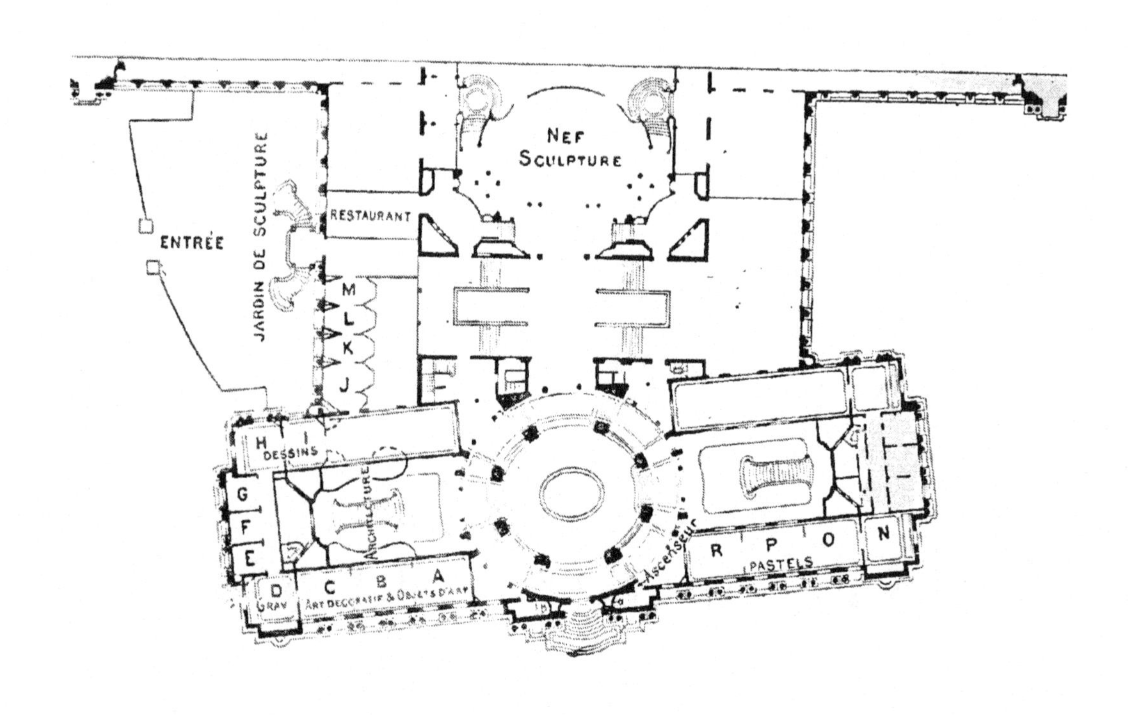

NEF SCULPTURE
RESTAURANT
ENTRÉE
JARDIN DE SCULPTURE
M
L
K
J
H I
DESSINS
G
F
E
ARCHITECTURE
D
GRAV
C B A
ART DÉCORATIF & OBJETS D'ART
Ascenseur
R P O N
PASTELS

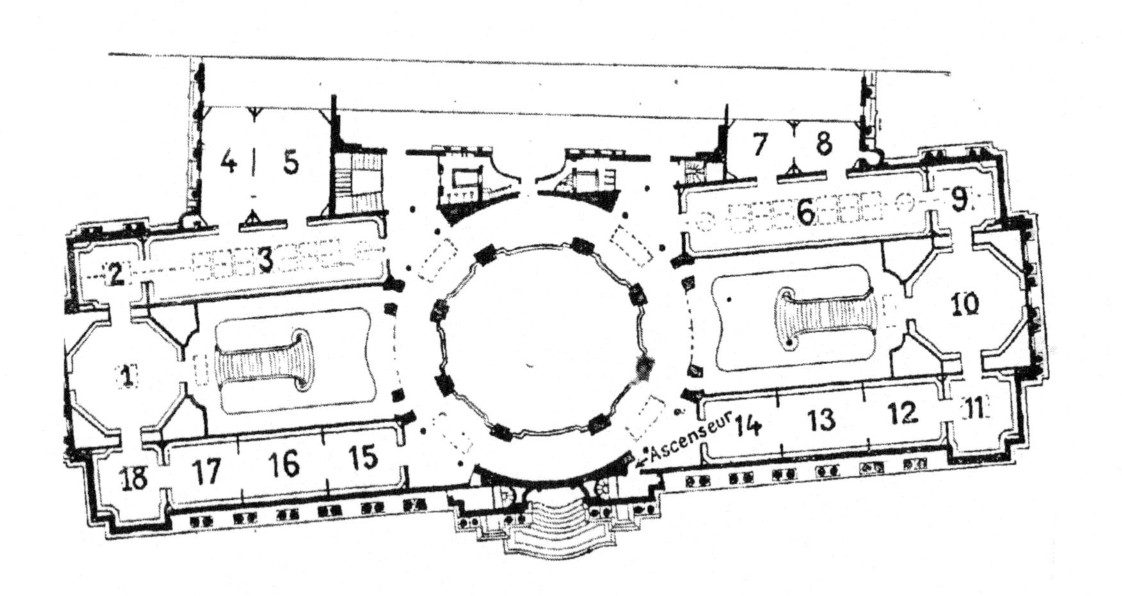

4 5
7 8
6
9
2
3
10
1
14 13 12 11
Ascenseur
18 17 16 15

Catalogue Illustré

DU

Salon de 1905

PUBLIÉ SOUS LA DIRECTION

DE

LUDOVIC BASCHET

BIBLIOTHÈQUE DES ANNALES

15, RUE SAINT-GEORGES, 15

PARIS (IXe)

EXTRAIT DU RÈGLEMENT

Art. 9. — L'Exposition sera ouverte de 8 heures du matin à 6 heures.

Les jours fériés, quels qu'ils soient, les portes seront ouvertes dès 8 heures du matin. Le jour du vernissage, le prix d'entrée est fixé à 10 francs; ce jour-là, les portes s'ouvriront à 9 heures.

Le jour de l'ouverture, le droit d'entrée est de 2 francs toute la journée; les autres jours, le prix d'entrée est fixé à 1 franc toute la journée.

Les dimanches d'avril, l'entrée sera de 1 franc toute la journée; les dimanches de mai et de juin de 1 franc, de 8 heures à midi, 0 fr. 50 de midi à 6 heures. Dans le cas où l'affluence des visiteurs serait trop grande, l'administration se réserve la faculté de fermer momentanément les portes d'entrée et de faire attendre les visiteurs.

Art. 10. — Des cartes d'entrée, rigoureusement personnelles, seront mises à la disposition des artistes exposants et des Sociétaires et Associés non exposants. Ces cartes seront distribuées aux ayants droit, dans les bureaux du secrétariat général, au Grand Palais. Les artistes, pour s'en servir, devront y apposer leur signature.

Toute carte prêtée sera retirée et ne sera jamais rendue au titulaire.

Art. 11. — Il sera fait un service de cartes d'entrée à la presse et aux membres d'honneur de la Société. Ces cartes seront rigoureusement personnelles et soumises aux mêmes règles que celles délivrées aux exposants.

Art. 12. — Il sera délivré des cartes d'abonnement personnelles, pour la durée de l'Exposition, au prix de 30 francs, sur la remise d'une photographie du titulaire laquelle restera annexée à la carte d'abonnement.

Chaque exposant aura droit pour un membre de sa famille exclusivement à une carte d'abonnement avec photographie au prix de 10 francs pour la durée de l'Exposition.

Il sera également délivré des cartes de vernissage au prix de 10 francs et d'autres cartes d'un jour au prix fixé par le règlement.

AVIS

Pour tous les renseignements concernant l'administration et la vente, le public est prié de s'adresser au bureau du secrétariat général, Grand Palais, avenue d'Antin (rez-de-chaussée) (au coin de la rue Jean-Goujon prolongée).

La **Société générale** *se charge, à titre absolument gracieux pour le public, de faire le service du change à l'entrée de l'Exposition.*

SIGNES ABRÉVIATIFS

F. — Fondateur de la Société nationale.
S. — Sociétaire.
A. — Associé.
D. — Décédé.
A. P. — Associé à la peinture.
A. D. — Associé au dessin.
A. G. — Associé à la gravure.
A. S. — Associé à la sculpture.
S. D. — Sociétaire au dessin.
S. P. — Sociétaire à la peinture.
S. M. — Sociétaire à la miniature.
S. O. — Sociétaire aux objets d'art.

PEINTURE

ABLETT (W.-A.). 190 *ter*, boulevard Malesherbes (XVIIe).

1. — Portrait de Mlle X...

ACHENBACH (G.). 12 *bis*, rue Vineuse (XVIe).

2. — Fleurs des champs.

AGACHE (A. P.), *S.* 14, rue Weber (XVIe).

3. — Parque endormie.
4. — Portrait.

ALAUX (G.). *S.* 31, boulevard Berthier (XVIIe

5. — Portrait de Mme E. D...
6. — Portrait de Mlle J. T...
7. — Portrait de Mlle A. M. B...
8. — Vieille rue à Clairac (Lot-et-Garonne).
9. — Rue de la Puzoque, Clairac.
10. — Rue de l'Esclopière, Clairac.

ALBERT (G.). *A. D.* Tous-Vents, par Gouvieux (Oise).

11. — Le soleil est levé (Vallée de l'Oise).
12. — Après la pluie (Port d'Honfleur).
13. — Coin de Seine (Paris).

ALFASSA (Mme M.). 15, rue Lemercier (XVIIe

14. — Bibelots.
15. — La console.

ALMAGIA (A.). 147, avenue de Villiers (XVIIe).

16. — Le retour de la messe.
17. — Fête aux fortifs.

AMAN-JEAN (E.). *S.* 115, boulevard Saint-Michel (V^e^).

18. — Portrait de Mme A J...
19. — Portrait de petite fille.
20. — Jeune fille.
21. — Jeune fille au vase bleu.
22. — Jeune fille à la pomme.
23. — Sous le vase aux eucalyptus.

AMARICA Y MÉDINA (F.). 37, Calle de la Estacion, Vitoria (Espagne).

24. — Derrière l'église, triste coin ensoleillé (Espagne).

ANDRÉ (D.), 7, rue Puvis-de-Chavannes (XVIIe).

25. — La femme au châle jaune.
26. — La femme à la statuette.

ANDREAU (R.), *A.* 61, rue Caulaincourt (XVIIIe).

27. — Le berger.
28. — La Porte.

ANGLADA-CAMARASA (H.). *S.* 9, rue Hégésippe-Moreau (XVIIIe).

29. — Marché aux coqs (foire de nuit, Espagne).

ANQUETIN (L.). *A.* 6, rue Pétrarque (XVIe).

30. — Trumeau.
31. — Au bois.
32. — Tête.

ANTHONISSEN (L.-J.), *A.* 25 et 27, boulevard Pasteur (XVe).

33. — Marché aux moutons à Biskra.
34. — Les écaillères à Saujon (Charente-Inférieure).
35. — Femme de pêcheur Saintongeais.

APOL (A.-A.). 103, rue Charles-Quint, à Bruxelles).

36. — Barques amarrées.

ARCOS (S.), *A*. 11, rue Chateaubriand (VIIIe).

37. — L'Aumône et la Charité (Dyptique).
38. — Portrait de M. A. D.

ARGENCE (E. D'), *A*. 8, chaussée du Pont (Boulogne-sur-Seine).

39. — Après-midi de septembre. (Bord de rivière).
40. — Dans le parc (Juin).
41. — Au val Fleury (Mai).

ARMBRUSTER (H.-R.). *A*. 13, rue Ravignan (XVIIIe).

42. — Amateur de vin.
43. — Amateur d'alcool.

AUBÉ (J.-P.), *S*. 12, rue d'Erlanger (XVIe).

44. — Sables à Cap-Breton à basse marée.

AUBIN (P.), *A*. 15, quai Bourbon (IVe).

45 — La forêt prochaine.
46. — Le champ des Asphodèles.

AUBLET (A.), *S*. 75, boulevard Bineau (Neuilly-sur-Seine).

47.* — Femme de Djerba (Tunisie).
48. — Dans l'oasis.
49. — La chambre verte.

AUBURTIN (J.-F.), *S*. 7, avenue La Bourdonnais (VIIe).

50. — Suite antique (fragment).
51. — Miss Helen H.
52. — The little white dancing girl (miss Helen W.).
53. — Paysage.
54. — Paysage.

AVELOT (H.). 42, rue Fontaine (IXe).

55. — Pension bretonne.

AYRTON (A.), *A*. 15, quai d'Anjou (IVe).

56. — « Coin de meuble », bibelots d'autrefois.
57. — « Chrysanthèmes dans un bol japonais. »

BABAIAN CARBONELL (Mme A.), *A*. 131, rue Lamarck (XVIIIe).

58. — Impression.
59. — Femme à la guitare.

BACON (C.-R.). Montreuil-sur-Mer (Pas-de-Calais).

60. — Boulogne, soir.

BAKER (F.), *A*. 14, avenue du Maine (XVe).

61. — Tout est accompli.
62. — Portrait de D. E. Anderson, M. D., M. B., B. A., B. Sc., F. R. G. S., etc.

BALLOT (G.-H.). 13, rue de l'Abbaye (VIe).

63. — Portrait de ma mère.

BARAU (E.). *S*. 68, boulevard Bineau. (Neuilly-sur-Seine).

64. — Journée d'été dans un parc.
65. — La forge.
66. — Belle matinée d'été.
67. — Journée d'été légèrement brumeuse.
68. — Soir.
69. — La Suippe en automne.

BARBIER (A.), 13, quai aux Fleurs (XIVe). et 4, rue du Marché-aux-Filets, à Arras.

70. — Le nouveau quai à Arras, un matin d'hiver.

BARRAU (L.), *A*. Chez M. Straus, 39, rue de Paradis (IXe).

71. — Sur la plage.
72. — Les filets.
73. — Intérieur de fabrique.

BARRET (A.-L.). 6, rue Villersexel (VIIe).

74. — Maternité.

BARTLETT (O.), 8, villa Michel-Ange, rue Bastien-Lepage (XVIe).

75. — Crépuscule.
76. — Marine.

BARWOLF (G.). 42, rue Fontaine (IXe).

77. — La barque à Marck.
78. — Effet de neige boulevard Rochechouart.

BASTIEN (A.), *A*. 22, rue Vergote, Bruxelles.

79. — Le peintre Albert Pinot.

BASTIEN-LEPAGE (E.), *S*. 39 *bis*, rue de Chézy, Neuilly-sur-Seine.

80. — Pont des Pierres.
81. — Chemin de la Prairie.
82. — Village de Flabas.
83. — Sous bois.
84. — Les meules.
85. — Jardin japonais.

BATTAGLIA (M.). 30, rue du Cherche-Midi (VIe).

86. — Un matin au volubilis.

BAUDOUIN (P.-A.), *S.* 8, rue Vavin (VIe).

87. — Baigneuse.
88. — Sirène (fragment)
89. — Paysage.
90. — Paysage.
91. — Paysage.
92. — Paysage.

(87 à 92 : Fresques sur fibro-ciment.)

BAUGNIES (J.), *A.* 23, avenue de Villiers (XVIIe).

93. — Le deuil des rêves.
94. — Portrait de Mme J. B...
95. — Portrait du colonel H...
96. — Etude du soir.

BEAUMONT (H. DE), *A.* 19, avenue de Tourville (VIIe).

97. — Après-midi d'été.
98. — Le dimanche soir au foyer de la Comédie-Française.
99. — Intérieur de salle à manger.
100. — Jeune femme en vert.

BECK (Mlle J.) « Les perce-neige », Vaucresson (Seine-et-Oise).

101. — Novembre.

BELLERY-DESFONTAINES (H.-J F.), *A.* 131, rue de Vaugirard (XVe).

102. — Portrait.

BELON (J.), 5, rue Paul-Féval (XVIIIe).

103. — Le soir (bords de la Creuse).

BÉNARD (H.), *A.* 77, rue Denfert-Rochereau (XIVe).

104. — Retour de chasse (Portrait de M. L...).
105. — « Côte d'azur ».

BÉRAUD (J.), *F.* 3, rue Boccador (VIIIe).

106. — Le défilé.
107. — Les belles de nuit (Jardin de Paris).
108. — Portrait de M. Dubois de l'Etang.

BERG (J.), *S.* 25, rue Humboldt (XIVe).

109. — Dame hollandaise.
110. — Petit garçon.

BERMOND (Mlle M.), *A.* 9, rue du Val-de-Grâce (Ve).

111. — Portrait de M. P...
112. — Les lauriers roses.

BERNARD (E.), 16, villa Bellenot, à Colombes (Seine).

113. — Moïse rencontre les filles de Madian à la fontaine et les aide à abreuver leurs troupeaux.

BERTEAUX (H.-D.), *S.* 116, rue Saint-Dominique (VIIe).

114. — Portrait de Mlle Lefeuvre.
115. — Portrait de Tony Mortureux.
116. — Crépuscule.
117. — Clair de lune.
118. — Effet de neige.

BERTON (A.), *S.* 9, rue de Bagneux (VIe).

119. — Portrait du sculpteur Fix-Masseau.
120. — Le repos après le bain.
121. — Vanité intime.
122. — Avant la toilette.

BESNARD (P.-A.), *F.* 17, rue Guillaume-Tell (XVIIe).

123. — Apollon et les vingt-quatre heures (fragment du plafond destiné à la salle du Théâtre-Français).

BESNARD (R.-T.-L.), *A.* 97, boulevard Berthier (XVIIe).

124. — Portrait de Mme G. L...
125. — La tasse de thé.
126. — Portrait de Garnier, photographe.

BIESSY (G.), *S.* 14, boulevard Emile-Augier.

127. — Portrait de Mme A. P...
128. — Portrait de Mme G...
129. — Le herseur (soir) (Banlieue de Paris).
130. — Clair de lune (Vallée de la Bièvre) Banlieue de Paris).
131. — Crépuscule (Sceaux) (Banlieue de Paris).
132. — La charrette (Gentilly) (Banlieue de Paris).

BIGAUX (L.), 18, rue du Val-de-Grâce (Ve)

133. — Fleurs.

BILLOTTE (R.), *F.* 29, boul. Berthier (XVIIe).

134. — Carrières d'Argenteuil (lever de lune).
135. — Le soir au moulin de Sannois.
136. — Bords de la Salle.
137. — La Frette le soir.
138. — Crépuscule à la Folie-Nanterre.

BINET (V.-J.-B.-B.), *S.* 63, avenue de Breteuil (VIe).

139. — L'été.
140. — L'hiver.
141. — Les pommiers à Gérus.
142. — Clair de lune.
143. — Soleil couchant.
144. — La maison du père Thomas.

BISHOP (H.). 51, avenue de l'Observatoire (XIVe).

145. — Dans la Kasbah (Tanger).
146. — Crépuscule.

« ... La nuit vient ici comme un évanouissement.... »
Eug. Fromentin.

147. — Linge et bateaux (Saint-Yves) (Cornwall).

BITTINGER (C.). 10, rue de Galilée (XVIe).

148. — La salle du Conseil (Palais de Versailles).

BLACK (F.). 2, Dalmeny avenue, Camden Road, Londres N.

149. — Chemin de la mer (dans le Pas-de-Calais).

BOCQUET (P.), *A.* 23, rue Périn.

150. — Matinée d'été (Soissonnais).
151. — Crépuscule d'hiver (Marne).
152. — Bords de la Vesle, route de Cormontreuil (en hiver).

BOLDINI (J.), *S.* 41, boulevard Berthier (XVIIe).

153. — Portrait de Mme V. H...
154. — Portrait de Mme L...
155. — Portrait de M. W.

BONNENCONTRE (E.-C.), *A.* 100, rue d'Assas (VIe).

156. — Présents d'automne.
157. — Portrait de M. P...

BORISSOFF-MOUSSATOF (V.). Moscou et Union des Artistes russes, 25, boulevard du Montparnasse (XIVe).

158. — Gobelin.

BOTTINI (G.), *A.* 23, rue Clauzel (IXe).

159. — Femme au perroquet.

BOUILLETTE (E.). 19, rue de Constantinople (VIIe).

160. — Portrait de Mme H..

BOULARD (E.). *S.* 13, quai de la Tournelle (V^e).

161. — Jeune fille au piano.
162. — Mer et falaise (soleil couchant).
163. — Ruisseau dans les dunes.
164. — La baie de Wissant (vue de Gris-Nez).
165. — Floringzelle.
166. — Marine.

BOULICAUT (P.), *A.* 13, rue Ravignan (XVIIIe).

167. — Portrait de M. A. G...
168. — Jeune femme endormie.
169. — Jeune femme avec des pigeons.

BOURGEOIS (A.). 19, rue du Val-de-Grâce (V^e).

170 — Café de petite garnison (intérieur).

BOUTET DE MONVEL (B.). *A.* 11, passage de la Visitation (VIIe).

171. — Roger Boutet de Monvel.
172. — Le parc.
173. — La chasse.
174. — Boucherie.

BOUTIGNY (J.-L.-X.). Grand-Couronne (Seine-Inférieure). — 1, place du Calvaire (XVIIIe).

175. — La Seine à Orival (temps gris).

BOUVET (H.). *S.* 147, avenue de Villiers (XVIIe).

176. — La ville d'Asnières reçoit la richesse de la Seine, de l'art la parure. (Plafond destiné au grand escalier de la mairie d'Asnières).
177. — Au large minuit...
178. — Mer bretonne.
179. — Mer normande.
180. — Une ferme.
181. — Le vallon.

BOUWENS VAN DER BOIJEN (L.), 138, avenue des Champs-Élysées (VIIIe).

182. — Portrait de Me G. B... de C...

BOYER (P.-E.), A. Saint-Quay-Portrieux (Côtes-du-Nord), et chez M. Pasquini, 54, avenue de Wagram.

183. — Le soir (forêt de Paimpont).
184. — Le matin (forêt de Paimpont).
185. — Phœbus et Borée.

BOZNAUSKA (Mlle O. DE), S. 114, rue de Vaugirard (VIe).

186. — Portrait de Mme Richard.
187. — Portrait de Mlle K...
188. — Portrait de M. de Radwan.
189. — Portrait de Mme L...
190. — Portrait de Mme Thomas.
191. — Intérieur.

BRACQUEMOND (P.), A. 167, rue de l'Université (VIIe).

192. — Femme au perroquet.
193. — Portrait du docteur Maurice de Fleury.
194. — Portrait de Mme Rosa Bruck.

BRAQUAVAL (L.), A. 3, rue Vauquelin (Ve).

195. — Sous bois.
196. — Abbeville (la rue de la Poste).
197. — Blangy-sur-Bresle.
198. — Cayeux.

BRAUN (L.). 8, rue de Saint-Quentin (Xe).

199. — Portrait de Mme H. H...

BREITENSTEIN (C.), Chez MM. Chaine et Simonson, 19, rue Caumartin (IXe).

200. — Effet d'hiver.
201. — L'étang.

BRESLAU (L.-C.). S. 15, boulevard Inkermann, à Neuilly-sur-Seine.

202. — La convalescente.
203. — Fleurs (glycines).
204. — Fleurs (zinnias).

BRIN (E.-Q.). 43, boulevard du Château (Neuilly-sur-Seine).

205. — Etude de nu à la lumière.
206. — Etude de nu à la lumière.

BRINDEAU DE JARNY (L.-E.), A. 34, rue Fontaine (IXe).

207. — Portrait de M. Pichon, résident général de Tunisie.

208. — Portrait de Mme B. L. B...
209. — Portrait de Stéphane Fiévet.

BROWN (A.), A. 8, Primrose Hill Studios-Fitzroy-Road, Londres N. W.

210. — Mère et fille.
211. — Le manteau chinois.

BROWN (H.). 15, the avenue South Kensington (Londres).

212. — L'Honorable Diana Lister.
213. — William Alexander, archevêque d'Armagh.

BROWN (J.-L.). 26, rue Bréda (IXe).

214. — Le battage du blé (Doelan, Finistère).
215. — La rentrée des herbages.

BRUCE (P.-H.). 3, rue Vercingétorix (XIVe).

216. — Portrait de Mme F...
217. — Portrait de M. M...

BRUGNOT (H.). 5 *bis*, rue des Sablons (XVIe).

218. — Fin de repos (Espagne).
219. — Automne ensoleillé (Abbeville).

BRUGUIÈRE (F.). 25, rue Brezin (XIVe).

220. — Roches de Belle-Isle (soleil couchant).

BRUNET (E.-J.-M.). 31, rue Lacour, à Bordeaux.

221. — Crépuscule.

BUNCE (K.-E.). 24, Priory Road-Edbarton, Birmingham.

222. — Le souvenir.

BUNNY (R.-C.-W.), A. 3, rue Valentin-Haüy (XVe).

223. — Endormies.
224. — Portrait de Mme B...
225. — Portrait de Mlle A. C...

BURN-MURDOCH (W.-G.), Arthur Lodge Dalkeith Road, Edimbourg.

226. — Fête champêtre des Fées.

BURNAND (E.). S. 4, rue Legendre (XVIIe), et Bressonnaz, près Moudon (Suisse).

227. — « La voie douloureuse »

... Filles de Jérusalem, ne pleurez pas sur moi, mais pleurez sur vous et sur vos enfants.

BUXTON-KNIGHT. Caversham Lodge, Chorley Wood Herts (Angleterre).

228. — Avant le crépuscule.

BUYSSE (G.). *S.* Ter Vaart Wondelgem, près Gand (Belgique).

229. — Le retour du travail.
230. — Matinée de septembre.
231. — La neige.
232. — Lever de soleil.
233. — Dégel.
234. — Lever de lune.

CABRIT (J.). Au musée de Bordeaux, cours d'Albret.

235. — Une vallée à Saint-Palais ; la saison dorée (paysage).

CADEL (E.). *A.* 19, boulevard de Port-Royal (XIIIe).

236. — La lettre.
237. — Le carrefour.
238. — Les sacrements (effet de neige).

CADELL (F.-C.-B.). 65, boulevard Arago (XIIIe).

239. — Violettes.

CAILLE (L.). 5, rue Taitbout (IXe).

240. — Les crêpes.
241. — « Jeune Mère ».

CAILLIOT (R.), *A.* 9, rue Chaptal (IXe).

242. — Le port de Douëlan (crépuscule).
243. — Le port de Douëlan (temps gris).
244. — Le port de Douëlan (soleil).

CANALS (R.). 14, rue Girardon (XVIIIe).

245. — « Une loge à la course de taureaux ».

CARIOT (G.-G.). Périgny-sur-Yerres, par Mandres (Seine-et-Oise).

246. — Coin de jardin.

CARL (Mlle K.). *A.* 29, Washington Square, New York (Etats-Unis).

247. — Portrait.

CARLOS-LEFEVRE, *A.* 4, rue Aumont-Thiéville (XVIIe).

248. — L'étang.
249. — La route.
250. — La falaise.
251. — La Piedsente de Ghissignies (Nord).

CARME (F.), 118, rue de la Trésorerie, Bordeaux.

252. — Intimité.

CARO-DELVAILLE (H.), *S.* 78, rue Mozart (XVIe).

253. — Portrait de Mme Edmond Rostand.
254. — Mademoiselle Jeanne Rolly (portrait de scène).
255. — « Septembre ».
256. — Portrait de M. L...
257. — Portrait de Mlle G...

CAROLUS-DURAN (E.-A.), *F.* Membre de l'Institut, Président de la Société nationale des Beaux-Arts, 11, passage Stanislas (60, rue Notre-Dame-des-Champs (VIe), et villa Médicis, à Rome.

258. — Portrait de Mme ***.
259. — Portrait de Mme ***.
260. — Portrait de M***.
261. — Volupté ».

CARPENTIER (Mlle M.-P.). *A.* 60, rue de Maubeuge (IXe).

262. — Rayon du soir.
263. — Les cygnes.

CARRÉ (L.-J.-B.). *A.* Boulevard Pereire (XVIIe) et chez Foinet, 21, rue Bréa (VIe).

264. — L'oued dans les palmiers.

CARRIER-BELLEUSE (P.), *S.* 31, boulevard Berthier (XVIIe).

265. — Portrait de M. F. A...

CARRIÈRE (E.). *S.* 15, rue Hégésippe-Moreau (XVIIIe).

266. — Portraits.

CASAS (R.). *S.* 96, Paseo de Gracia, Barcelone (Espagne).

267. — Portrait équestre de Sa Majesté le roi d'Espagne Alphonse XIII.

CASIMACKER (A. DE). 12, rue du Moulin-de-Beurre (XIVe).

268. — Le retoucheur de photos.

CASSARD (P.-L.), *A.* 7, rue Descombes.

269. — Le vallon.
270. — Combat singulier.
271. — La bergère.

CASTELLUCHO (C.). 22, rue Boissonade (XIVe).

272. — Trois femmes riant.
273. — Portrait de miss A. B...

CAZIN (J.-C.). *F. D.* (Pas-de-Calais).

274. — Exposition spéciale, hommage rendu au maître par la Société nationale des Beaux-Arts.

Voir salle VIII, catalogue particulier).

CHAFFANEL (E.). Galerie artistique, 47, rue Taitbout (IXe).

275. — Le thé.

CHARLES, (J.) *A.* East Ashling House Chichester (Angleterre).

276. — Le printemps arrive.

CHÉNARD-HUCHE (G.). 61, rue Caulaincourt (XVIIIe).

277. — Les boulevards extérieurs.

CHEVALIER (E.-J.). *S.* 151, rue de Grenelle (VIIe).

278. — Matin calme (marine).
279. — Paysage aux îles Chausey.
280. — Calme plat marine).
281. — Crépuscule (port de Granville).
282. — Cabanes de pêcheurs aux îles Chausey.
283. — La goélette échouée.

CHIALIVA (L.). 18, passage de l'Elysée-des-Beaux-Arts (XVIIIe).

284. — Surprise (gardeuse d'oies).
285. — Le vent (bergère).

CHUDANT (J.-A.), *S.* 43, rue de Douai (IXe) et à Buthiers, par Voray (Haute-Saône).

286. — Matin de neige (Buthiers, Haute-Saône).
287. — La vieille drague sur le Doubs (Besançon).

CIROU (P.). 18, rue Boissonade (XIVe).

288. — Eglise de Triel.

CISTELLO (Vicomtesse J. DE). 10, rue Margueritte (XVIIe).

289. — Réveil.

CLARY (E.). *A.* 11, place Pigalle (IXe).

290. — Le bateau blanc.
291. — La Seine à St-Pierre-du-Vauvray (Eure).
292. — Le Petit-Andely (Eure).

CLAUS (E.), *S.* Astène, Flandre-Orientale (Belgique).

293. — Fenaison.

COLIN (G.). *S.* 17, rue Victor-Massé (IXe).

294. — La Nive au mont Arro (basse Navarre).
295. — Enigme.
296. — Un jardin au pays basque.
297. — Ciboure et la montagne de la Rhune (vers le soir).
298. — Matin d'été (frontière d'Espagne).

COLLE (A.-M.). 45, rue du Mesnil, à Baccarat et rue Gouvion-Saint-Cyr, à Toul.

299. — Cathédrale de Toul.

COLLINGS (A.-H.). 32, Great Ormond Street, Londres. W. E.

300. — Un portrait.

COLTHURST (Mlle A.-C.), 21, rue Bréa (VIe).

301. — D'un cinquième à Londres (hiver).
302. — D'un cinquième à Londres (automne).

COSTEAU (G.). *S.* 17 *bis*, boulevard de la Saussaye, à Neuilly-sur-Seine.

303. — Le lac (panneau décoratif).
304. — Avant l'ondée.
305. — Douce soirée.
306. — Automne.
307. — Printemps.
308. — Paysage.

COSTERTON (C.-F.), 49, boulevard Montparnasse (VIe).

309. — Les quarantaines.

COTTET (C.), *S.* 10, rue Cassini (XIVe).

310. — Avila (Espagne).
311. — Salamanque (cathédrale).
312. — Cathédrale de Ségovie (couchant orageux).
313. — Cathédrale de Ségovie (beau soir).
314. — Cathédrale de Ségovie vue du ravin aux peupliers.
315. — Place de Ségovie (soleil couchant).

COULIN (Mme M.-E.). 47, rue de la Procession (XVe).

316. — Matelots.

COURANT (M.-F.-A.), *S.* Clos de l'Abbaye, à Poissy (Seine-et-Oise), et chez MM. Chaine et Simonson, 19, rue Caumartin (IXe).

317. — Sur la Meuse (Hollande).

318. — Rouen au soleil couchant.
319. — Pilotes du Havre.
320. — Brumes du matin.
321. — Dans la falaise.
322. — Un coin du bassin du commerce.

COURTENS (H.). 45, rue du Moulin, Bruxelles.

323. — Les années passent.

COURTOIS (G.), *S.* 73, boulevard Bineau, Parc de Neuilly (Seine).

324. — Daphnis et Chloé.
325. — Portrait de Miss Nancy Borwick.
326. — Portrait de Michel Vincent.

CRAMPEL (Mlle M.). 16, rue Chanoinesse (IVe).

327. — Portrait de mon père.

CREALOCK (J.). 1, Albert-Studios Battasea Park-Londres.

328. — Saint-Cloud.

CUGNET (L.). 48, rue Escudier, à Boulogne-sur-Seine.

329. — Lavoir (Saint-Pol-de-Léon, Bretagne).
330. — Grande rue (Saint-Pol-de-Léon, Bretagne).

CULLEN (M.), *A.* 2, rue Bréa (VIe).

331. — L'hiver.
332. — Une rue à Québec.
333. — La vallée de Saint-Charles à Québec.

DAGNAC-RIVIÈRE (C.-H.-G.). 24, boulevard Pasteur (XVe).

334. — Une saharienne.
335. — Marchands de poteries.

DAGNAN-BOUVERET (P.-A.-J.), *F.* 73, boulevard Bineau, à Neuilly-sur-Seine.

336. — Portrait de la duchesse de M...
337. — Portrait de Mme R...
338. — Jeune vénitienne.
339. — A la fontaine.

DAGNAUX (A.), *S.* 50, rue Saint-Didier (XVIe).

340. — Panneau décoratif pour le lycée Fénelon.

Oh primavera! Gioventu dell'anno
Oh gioventu, primavera della vita!

341. — Le calvaire.
342. — Pommiers en fleurs (Saint-Lô).
343. — La route (Veules-les-Roses).
344. — Panneau décoratif. Le bain.
345. — Panneau décoratif. La danse.

DAMOYE (P.-E.), *S.* 10, rue Alfred-Hévens (IXe).

346. — Le Thouet (Saumur).
347. — Le Thouet (Bagneux).
348. — La plaine (Jardin de la France).
349. — La Seine (Nanterre).
350. — La Seine (Carrière).
351. — Soleil couchant (Honfleur).

DANNENBERG (A.). 90, rue d'Assas (IXe).

352. — Devant la glace.

DARAS (H.), *A.* 23, rue d'Iéna (Angoulême).

353. — Étude (environs d'Angoulême).
354. — Étude (environs d'Angoulême).

DAUCHEZ (A.), *S.* 14, rue Saint-Guillaume (VIIe).

355. — Tournant de rivière.
356. — La grand'route.
357. — Maison en ruine.
358. — Pins au soleil.
359. — Pins près de la mer.
360. — Le grain.

DAUPHIN (E.). *S.* 63, rue Jouffroy (XVIIe).

361. — L'escadre de la Méditerranée quittant la rade de Toulon le matin : Torpilleur en éclaireur.
362. — Les rochers de Sainte-Marguerite.
363. — Environs de Toulon.
364. — Aux salins d'Hyères.
365. — Sous les pins côte d'Azur.
366. — Clair de lune.

DAVID-NILLET (G.), *S.* 218, faubourg Saint-Antoine (XIIe).

367. — Résignation.
368. — Le puits.
369. — Chaumières.

DAVIS (H.-W.-B.), *S.* 7, Pembridge Crescent W. (Londres).

370. — « Déclin de l'année ».
371. — Près la côte.
372. — Temps sec (mois d'avril).

DAVIS (Mme M.). 45, Lansdowne Road (Londres W.).

373. — Bouquet d'arbres.
374. — Au pays bleu.

DECISY (E.), S. 2, rue de Steinkerque (XVIIIe).

375. — Le gué.
376. — Fleurette.
377. — Savonnage.

DEDINA (J.), A. 49, rue Beaunier (XIVe).

378. — Étude de plage (île de Siec).
379. — Étude de la grève de Roscoff.
380. — Etude de grève Pénaler Roscoff).

DÉJARDIN (J.). 48, rue du Verger à Valenciennes, 28, rue Traversière (Paris) (XIIe).

381. — Soir d'hiver.
382. — Fonte de neige.

DELACHAUX (L.), S. 20, rue Durantin (XVIIIe).

383. — Lingère (intérieur).
384. — Portrait de la duchesse d'E...
385. — Vieillard.
386. — Madeleine.
387. — Marie et Francine.
388. — En février (Grèz).

DELANCE (P.-L.), S. 240, rue de Vaugirard (XVe).

389. — Bonheur perdu.
390. — Portrait de M. M..., professeur.
391. — Bois de Saint-Trojan.
392. — La Seine à Grenelle.
393. — Port de Roscoff.
394 — Une rue du vieux Vaugirard.

DELASALLE (A.), A. 3, rue Jean-Baptiste-Dumas (XVIIe).

395. — Le grand canal à Dordrecht.
396. — Portrait du peintre Jules Adler.
397. — Portrait du colonel F...

DELÉCLUSE (A.), A. 84, rue Notre-Dame-des-Champs (VIe).

398. — Portrait de Mlle Germaine P...
399. — « Pour le marché ».

DELÉTANG (R.-A.). 64, rue de La Rochefoucauld (IXe).

400. — Muletiers de Tolède.

DELTOMBE (P.). 25, rue Daguerre (XIVe).

401. — Paysage (tours du Mont Saint-Éloi).

DEMANCHE (G.-J.). 86, rue de Lille (VIIe).

402 — Souvenir de Grèce.

DENIS (M.), S. 59, rue de Mareil, à Saint-Germain-en-Laye.

403. — « La Treille » (panneau décoratif).
404. — Portrait de Mme de L. L... et de ses enfants.
405. — Hommage à l'Enfant Jésus.
406. — L'adoration des Mages.

DENISE (J.). 48, rue Pergolèse (XVIe).

407. — Portrait de Mlle J.-L. W...

DENISSE (J.-J.). 18, boulevard Edgar-Quinet (Paris).

408. — Brume sur le lac (matin).
409. — Le ruisseau sous bois (matin).

DESBORDES (Mme L.-A.). 3 *bis*, Cour de Rohan (VIe).

410. — La vague, légende des algues.
411. — Légende des algues.

DESGENÉTAIS (Mme M.). 166, avenue Victor-Hugo (XVIe).

412. — Portrait de Mlle O. R...

DESLIENS (Mme C.-M.). 7, rue Vaugirard (VIe).

413. — Portrait de M. le conseiller P...
414. — Les bons comptes font les bons amis.

DESMOULIN (F.), S. 12 *bis*, rue Legendre (XVIIe).

415. — « La Peignitz », Nurenberg.
416. — Matin, Nurenberg.

DESPARMET-FITZ-GÉRARLD (X.). Chez M. Cagnard, 17, rue Brea (VIe).

417. — La rosée du matin.

DINET (A.-E.), S. 25, quai Voltaire et chez MM. Allard, 17, rue Caumartin (IXe).

418. — Tristesses.
419. — Le Printemps des cœurs « Les branches et les bras s'en-« trelacent au souffle du Prin-« temps ».
420. — Le matin.
421. — Coucher de soleil sur la Hammada Saharienne.

DIRIKS (E.). 18, rue Boissonade (XIVe).

422. — Eté au Fjord (Norvège).

DOMERGUE (G.). 16, rue Dussourd, à Asnières (Seine).

423. — Le Loing à Saint-Mammès.
424. — Le canal à Ecuelles.

DRUON (Mlle G.). 14, rue des Blancs-Manchons, à Douai.

425. — Le salon.
426. — La fenêtre.

DUBOSQ (A.). Villa « Le Gourbi ». à Dinard (Ille-et-Vilaine).

427. — Soir de régates (Marine).

DUBUFE (G.), S. 43, avenue de Villiers (XVIIe).

428. — Portrait de Mme et Mlle D...
429. — Portrait de Mlle M...
430. — Portrait de Mme de O...
431. — A Capri.
432. — A Capri.
433. — « Les Renommées ». Plafond du salon de repos du Pavillon national de la France à l'Exposition de Saint-Louis (Amérique).

DUHEM (H.), S. 10, rue d'Arras, à Douai (Nord).

434. — Semeur à l'aube.
435. — Berger à sa cabane.
436. — Cabane de berger.
437. — L'allée.
438. — L'école des filles.
439. — Pont-levis sur la Scarpe.

DUHEM (Mme M.), S. 10, rue d'Arras, à Douai (Nord).

440. — Soleil couchant sur la maison.
441. — Cour de béguinage.
442. — Moyettes d'avoine.
443. — La console.
444. — Déjeuner.
445. — Bouquet blanc.

DUMONT (H.-J.), S. 71, boulevard de Clichy (IXe).

446. — des Monnaies du Pape.
447. — des Pissenlits.
448. — des Myosotis et des Pâquerettes.
449. — des Pivoines.
450. — des Œillets.
451. — Un chèvrefeuille.

DUMOULIN (L.), S. 58, rue Notre-Dame-de-Lorette (IXe).

452. — A l'ombre de l'olivier (environs d'un port de guerre).

Le soleil bienfaisant sur la terre ravie
Verse ses blancs rayons, le ciel rit, le flot dort.
Autour de l'olivier tout est lumière et vie,
La nature dit : Paix. Cependant l'homme épie,
Avec ses noirs canons qui disent : Guerre et Mort.
Henry Maret.

en Normandie:

453. — Pommiers en fleurs.
454. — Au bord de l'étang.
455. — Cour de ferme.
456. — Un chemin au printemps.

DUROZÉ (F.). 58, rue des Messiers, à Montreuil-sous-Bois (Seine).

457. — Portrait de Milady H...

DURST (A.), S. 49, avenue de la Défense à Puteaux.

458. — Paysage à Chanac (Lozère).
459. — Dindons dans les herbes fleuries (Saint-Vaast d'Equiqueville).
460. — Derrière la ferme (Poules et veaux) (printemps).
461. — Une rue du Bruel (Lozère).
462. — Cour de ferme (Saint-Vaast d'Equiqueville).
463. — Route de Dévallades à Chanac (Lozère).

DUTCZJUSKA (I DE). 9, rue Campagne-Première (XIVe).

464. — Lecture intéressante.

DUVAL (J.-C.). 23, rue Oudinot (VIIe).

465. — Saint-Malo (les remparts).
466. — Saint-Malo (crépuscule).

EAST (A.). 2, Spenser Street, Victoria Street (Londres. S. W.).

467. — Château-Gaillard.

ELIOT (M.), S. 37, boulevard de Clichy (IXe).

468. — Le goûter (portraits).
469. — Vers le rivage (paysage décoratif).
470. — Méditerranée (paysage décoratif).
471. — Le pont (Italie).
472. — Falaise bretonne.
473. — Etretat.

ENGEL (J.), A. 11, rue Constance (XVIIIe).

474. — Soir dans les ruines.
475. — Le château fort.
476. — Matin sur la Seine.

ESTÉ (Mlle F.), *A*. 28, avenue de l'Observatoire (XIVe).
477. — Pins bretons (panneau décoratif).

FAEHTE (Mlle A.). 65, boulevard Arago (XIIIe).
478. — Portrait.

FARASYN (E.). 30, rue du Moulin, Anvers.
479. — Un naufrage.
480. — Dans les dunes (matin).

FAULKNER (W.-H.). 21, rue Bréa (VIe).
481 — Petit canal (Venise).

FAURE (M.). 48, boulevard des Batignolles (XVIIe).
482. — Le chaos à Auberville.

FAVAI (G.), S. Maria Formosa, 6207.
483. — « L'or de Venise » (Palais Dario).

FELIU (M.), *A*. 27, rue Damremont (XVIIIe).
484. — Nana.
485. — Les rochers roses (Ile de Bréhat).

FERRY (J.), *A*. 26, rue de la Tuilerie, à Suresnes.
486. — Jour d'automne.

FIRMIN-GIRARD (M.-F.), *S*. 7, boulevard de Clichy (XVIIIe).
487. — La verrerie.
488. — Le brassage du verre (optique).
489. — Portrait de Mme A. V...
490. — Château de Gatelier (fin d'automne).
491. — Le pont de Gatelier (automne).
492. — Place Maubert.

FLANAGAN (F.). 2, rue Bréa (VIe).
493. — Lever de soleil (fin d'automne).

FLANDRIN (J.). *S*. 9, rue Campagne-Première (XIVe).
494. — Jeunes cavaliers d'Arcadie.
495. — Portrait de Mlle A. L...
496. — Portrait de l'artiste.
497. — La vallée de l'Isère (octobre).
498. — Matin de septembre à Corenc.
499. — Un ange, hommage à Hændel (panneau décoratif).

FLEURY (Mme F.), *A*. 43, rue Victor-Massé (IXe).
500. — La carte postale.
501. — Les filles du douanier.

FLORENCE (P.-E.). 79, rue de Rennes (VIe).
502. — Pastorale.

FONTEYNE (J.). 43, rue de la Bouverie (Bruges).
503. — Le juif dans les ronces (conte J. W. Grimm).

FOURIÉ (A.), *S*. 30, rue Eugène-Flachat (XVIIe).
504. — Avant le bain.
505. — Portrait de Mlle A. F...
506. — Étude.
507. — Au soleil.
508. — Sous bois.

FOURNIER (M.). 18, passage de l'Elysée-des-Beaux-Arts (XVIIIe).
509. — Chantier par la brume.
510. — Gelée blanche et soleil (matinée).

FRANÇOIS-ALAUX. 2, passage Dantzig (XVe).
511. — Porte du Zocco-Fuera (Tanger).

FRANK (L.). 54, rue des Moissons, à Bruxelles, chez M. Touret, 45, rue Notre-Dame-de-Lorette (IXe).
512. — Jour de marché à Furnes.

FRÉDÉRIC (L.-H.-M.). *S*. 208, chaussée d'Haecht-Scharbeck, à Bruxelles.
513. — La barrière.
514. — Le printemps.

FRÉMONT (S.). 42, rue Raynouard (XVIe).
515. — Femme à sa toilette.

FRIANT (E.). *S*. 11, boulevard de Clichy (IXe).
516. — La Lorraine protectrice des arts et des sciences (plafond destiné à la préfecture de Meurthe-et-Moselle).
517. — Premières études.
518. — L'Angelus.
519. — Toilette rustique.
520. — Ciel inquiet.

FRIESCKE (F.-C.). *A*, 6, rue Victor-Considerant (XIVe).
521. — Femme nue.
522. — Femme lisant à côté d'une lampe.
523 — Femme devant une glace.
524 — Femme en blanc.

FRISCH (V.). 112, boulevard Malesherbes (XVIIe).
525. — Etude d'animaux.

GABRIEL (J.-J.). *A.* 7, rue Marsollier (IIe).
526. — Vue de Tours, des coteaux de Saint-Symphorien.
527. — Le réduit et le pont Mayon-Bayonne.
528. — Tours, vu de la Grenadière de Balzac, coteaux Saint-Cyr.

GAD (P.-U.). 1. Hyskinstodde, Copenhague.
529. — Muraille rouge.

GAGARINE (N.). 45, avenue Kléber (XVIe).
530. — Intérieur.

GALLAY-CHARBONNEL (Mme N.). *A.* 69, boulevard Saint-Michel (Ve).
531. — La Seine (pont du Carrousel).
532. — La Seine (vue du pont d'Austerlitz).

GALTIER-BOISSIÈRES (Mme L.). 29, rue Vaneau (VIIe).
533. — Après le dîner.

GARNOT (G.-F.-S.). *A.* 11, rue Constance (XVIIIe).
534. — L'anse du Solidor, à Saint-Servan.
535. — Soir gris sur la mer.
536. — Bords de la Rance.

GARRIDO (L.-R.). *A.* Etaples (Pas-de-Calais).
537. — En conseil de famille.
538. — Les geôliers.
539. — Matinée d'été.

GASKIN (A.-J.). Acocks's Green, Worcestershire (Angleterre), et 125, boulevard Montparnasse (XIVe).
540. — Kilhwych, le fils du roi.

GASPÉRI (R.). 16, rue Grange-Batelière (IXe)
541. — Paysage. Le soir. (Champ de sarrasin en fleurs, environs d'Obazine (Corrèze).

GAUTIER (Mme M.). *S.* 6, villa de la Réunion (XVIe).
542. — Nature morte.

GELOSE (Mme J.). 48 *bis*, rue Mozart (XVIe).
543. — Intérieur.

GEORGES-BERTRAND (J.), *S.* 48, avenue de Villeneuve-l'Etang, à Versailles.
544. — Portrait de M. le baron R...

GERLACH (L.-A.). 4, rue de l'Ancienne-Comédie (VIe).
545 — Portrait décoratif.

GÉRARD (A.). 18, rue de Chabrol (Xe).
546. — Jeune bretonne.

GERVEX (H.). *F.* 12, rue Rousselle (XVII
547. — Etude pour le plafond de mairie du XIXe arrondissemen
548. — Portrait de l'auteur.
549. — Portrait de Mme S...

GIHON (C.-M.). 6, square du Croisic (XV
550. — Soir.

GILLOT (E.-L.). *S.* 86, rue Notre-Dam des-Champs (VIe).
551. — Fête de nuit à Naples don née en l'honneur de M. Emil Loubet, Président de la Répu blique Française.
552. — La voile rouge. Venise.
553. — La Tamise. Londres.
554. — Bateaux charbonniers dan le port de Naples.
555. — Florence.
556. — La rue Dufour. Paris.

GILSOUL (V.). *A.* 50, rue de la Vallée, Bruxelles.
557. — « Soir à Bruges ».
558. — « La barque abandonnée »

GIRAN-MASE (L.-M.). Auvers-sur-Ois (Seine-et-Oise).
559. — Femmes au bord de l'Oise

GIRARDOT (L.-A.). *S.* 68, rue d'Assas (VIe)
560. — Portrait de M. Fernand Rabier, député.
561. — Un coin de cimetière arabe.
562. — Sur les terrasses.
563. — L'heure du Maghreb.
564. — Etude.
565. — Etude.

GIRON (C.). *A.* Vevey (Suisse).
566. — Portrait de famille.

GLASEBROOK (H. de T.). 76, Elm Park Road Chelsea (Londres).
567. — « Enid ».

GLENH (W.-G.). *A.* 73, Cheyne Walk, Londres, S. W.
568. — Portrait de Mme Guinness.
569. — Maternité.
570. — La nymphe du torrent.

GOEPP (A.). 43, rue Perronet, à Neuilly-sur-Seine.
571. — Gros temps.

GOODSIR (Mlle A.-N.). 8, boulevard Edgar-Quinet (XIVe).
572. — La lettre.
573. — Réflexions.

GOUNOD (J.), *A.* 10, rue d'Aubigny (XVIIe).
574. — Portrait de Mlle T. M...
575. — Etude.

GRAF (Mlle I.). 46, rue Lepic (XVIIIe).
576. — Etude.

GREUX (G.). S. 29, rue Chanzi, à Asnières (Seine).
577. — Forêt de Marly (Etoile Saint-Michel).

GRIVEAU (G.). S. 15, quai d'Anjou (IVe).
578. — Hameau perdu en Bretagne (lever de lune).
579. — Village de Breux (automne).
580. — Panorama de Breux (temps variable).

GRIVEAU (L.). S. 22, rue Monsieur-le-Prince (VIe).
581. — Le retour à la ferme.
582. — L'avenue ombragée.
583. — Halte de rouliers.
584. — Un quai (le soir).
585. — Crépuscule.
586. — Le taudis.

GROS (L.). S. Poissy (Seine-et-Oise).
587. — La charrette à foin.
588. — Le retour de la messe (Bretagne).
589. — Sur la digue à marée basse (Concarneau).
590. — La sieste.
591. — Cerisiers en fleurs.

GUDDEN (R.). A. 44, Kettenboroeg (Francfort-sur-Mein).
592. — Jeune fille assise.
593. — Portrait de Mlle N. de B...

GUERIN (C.). A. 14, rue Boissonade (XIVe).
594. — Allégorie.
595. — Toilette.

GUÉRIN (J.). 8, rue Francœur (XVIIIe).
596. — Montmorency (paysage).

GUÈS (A.). 17, quai Voltaire (VIIe).
597. — La botte de paille brisée.
598. — La cour du père Prudent.
599. — La maison de la mère Taillot.
600. — La mare du Mousseau.

GUIGNARD (G.). S. 25, boulevard Berthier (XVIIe).
601. — Rentrée à la bergerie.
602. — Le troupeau de bœufs, boulevard de la Villette.
603. — Le troupeau au crépuscule.
604. — La mare dans la lande (route de Concarneau).
605. — Ajoncs en fleurs sur la colline (Pont-Aven).
606. — Le cerf à l'eau (panneau décoratif).

GUIGUET (F.). S. 21, rue de Navarin (IXe).
607. — Portrait de jeune fille.
608. — Enfant (robe rouge).
609. — Enfant (robe blanche).
610. — Enfant aux bras nus.
611. — Etude d'enfant (corset bleu).
612. — Etude d'enfant.

GUILLAUME (A.-A.). A. 3, rue Jean-Bart (VIe).
613. — « Le chef-d'œuvre ».
614. — « Entr'acte ».
615. — « Un bridge ».
616. — « Eloquence ».

GUILLOUX (C.). 112, rue Caulaincourt (XVIIIe).
617. — Canal de l'Ourcq.

GUIRAND DE SCEVOLA (V.-L.). A. 42, rue Fontaine (IXe).
618. — Portrait de Mme la comtesse de B...
619. — Portrait de M. le comte de A...

GUMERY (A.). A. 43, rue Raynouard (XVIe).
620. — Le paradis (promenoir d'en haut aux concerts Lamoureux).
621. — Marée basse.

GUTHRIE (J.). S. 41, Moray Place Edimbourg.
622. — Miss Jeanie Martin (portrait).

GWOZDECKI (G.-J. DE). 52, avenue du Maine (XIVe).
623. — Portrait à la lumière d'une lampe.

HAGBORG (A.). S. 5 *bis*, rue Jadin (XVIIe).
624. — Dolécarlienne.
625. — Le vieux moulin.

HALFORD (C.). Lansdowne House, Lansdowne Road, Holland Park, Londres W.
626. — Le printemps s'évanouit avec les roses.

HALL (C.-M.). 199, avenue Victor-Hugo (XVIe).
627. — Vallon boisé (paysage).

HALPERT (S.). 83, place Saint-Jacques (XIVe).
628. Portrait.

HARRISON (A.). S. 6, rue du Val-de-Grâce (Ve).
629. — Vallée (paysage).
630. — Auréoles.

631. — Tempête.
632. — Lune voilée.
633. — Côte de Bretagne.
634. — La mer.

HARRISON (B.). 80, rue d'Assas (VIe).
635. — Saint-Georges-Majeur (Venise).

HASSAM (C.), *A*. 27, rue West, 67, Street New York et chez Durand-Ruel, 16, rue Laffite (IXe).
636. — Printemps (le Central-Park, New York).
637. — La neige à New York.
638. — Juin.
639. — La petite maison blanche (Nouvelle-Angleterre).

HAUSTRATE DE LOTH (G.). 74, rue des Coteaux, Bruxelles.
640. — Five o'clock.

HAVET (H.), *A*. 22, rue Saint-Ferdinand (XVIIe).
641. — L'entrée de l'oasis de Bou-Saada.
642. — Lac de Lecco au coucher du soleil.

HAWEIS (S.). 17, rue Campagne-Première (XIVe).
643. — Paysage d'or.

HAWKINS (L.-W.), *S*. 4, rue Aumont-Thiéville (XVIIe).
644. — Une condatine.
645. — La vigne.
646. — Une demeure.
647. — Meules.
648. — Portrait de M. Clément Carrier-Belleuse.
649. — Portrait de Mme Clément Carrier-Belleuse.

HAYWARD (A.-R.). 91, Sidney Street Chelsea, Londres S. W.
650. — L'espagnole.

HAZDLEDINE (A.). 224, rue Verte, Bruxelles.
651. — Jour de mars.

HENRY (G.). 26, Glebe Place Chelsea, Londres S. W.
652. — La robe marron.

HENRY-BAUDOT (E.-L.), *A*. 19, boulevard Berthier (XVIIe).
653. — Le taureau échappé.
654. — Poulains au pré.
655. — Vaches en pâture.

HENRY-LAURENT (E.). 7, villa Michel-Ange, rue Bastien-Lepage, Paris (XVIe).
656 — Soleil d'hiver, jardin du Luxembourg (paysage).
657. — Brumes d'automne, jardin du Luxembourg (paysage).

HERTER (A.). 59, rue de Vaugirard (VIe).
658. — Portrait.

HERGESHEIMER (Mlle E.). 15, rue Boissonade (XIVe).
659. — Paysanne hollandaise et ses enfants.
660. — Champignons.

HEYMANS (A.-J.). 224, rue Verte, Bruxelles.
661. — Nuit lumineuse.
662. — La vieille demeure.

HOCHARD (G.). *A*. 181, rue de Courcelles (XVIIe).
663. — Les musiciens (en province).
664. — Les chantres (en province).
665. — Les autorités (au village).
666. — Les dévotes (au village).

HOUBRON (F.), *S*. 32, rue de la Victoire (IXe).
667. — Mardi gras (Paris).

HOUYOUX (L.-J.-J). *A*. Rhode-Saint-Genèse, près Bruxelles.
668. — La grenouille.
669. — Le quai du Rosaire à Bruges.

HOW (B.), *A*. 79, rue Notre-Dame-des-Champs (VIe).
670. — Consolation.
671. — Portrait (esquisse).

HUET (G.). 7 *bis*, avenue des Sycomores, Villa Montmorency, Paris (XVIe).
672. — Dunes le soir.

IAREMITCH (S.). 9, rue Campagne-Première (XIVe).
673. — Paysage russe.

IWILL (M.-J.), *S*. 11, quai Voltaire (VIIe).
674. — Saint-Georges et la Salute (Venise).
675. — Matinée grise vers S. Pietro (Venise).
676. — Quai de Jesuati (vieilles maisons).
677. — Lever de soleil sur la lagune (Venise).
678. — Les jardins de la Salute (Venise).
679. — A l'aube (Venise).

JAMIESON (A.). 24, Turloc Square, Londres S. W.

680. — Sur la Seine (Paris).

JEANNIOT (P.-G.), S. 171, avenue Victor-Hugo (XVIe).

681. — La musique (panneau décoratif faisant partie d'un ensemble de quatre panneaux : la Musique la Poésie, la Conversation et la Danse).
682. — L'ouragan.
683. — Le village.
684. — La halte.
685. — Ouled Naïls.

JEFFERYS (M.). 69, rue Paul-Lauters, Bruxelles.

686. — Cour ensoleillée.

JEFFREZ (H.). 7, rue Belloni (XVe).

687. — Clair de lune.
688. — Clair de lune.

JOHNSON (B.). 100, rue d'Assas (VIe).

689. — Portrait.

JOHNSON (M. F.). 74, rue Notre-Dame-des-Champs (XIVe).

690. — Femme en blanc.

JOTTRAND (L.-G.). 85, rue Paul-Lauters, Bruxelles.

691. — L'ondée (côte de Flandre).
692. — Ombre et soleil (côte de Flandre).

JOURDAIN (H.), A. 4, Passage des Eaux, quai de Passy (XVIe).

693. — L'orage (vallée de la Marne).
694. — L'inondation.

KARBOWSKY (A.), S. 13, rue d'Armaillé (XVIIe).

695. — Faïences et citrons (nature morte).
696. — Tulipes et fleurs de pommier (nature morte).
697. — Faïences et roses (nature morte).
698. — Fin d'automne à Chatou.
699. — Le bateau vert.
700. — Fleurs.

KAUFMAN (L.). 10, passage Doisy (XVIIe).

701. — Impression (paysage).

KAYSER (C.-E.). 43, rue Condorcet (IXe).

702. — Le pont Neuf.

KIBBEY (Mlle H.). 4, rue de Chevreuse (VIe).

703. — Nanette riante.
704. — Au jardin du Luxembourg.

KISSELEFF (A.). 7, rue Belloni (XVe).

705. — Une jeune femme.

KOOPMAN (A.). Etaples (Pas-de-Calais).

706. — Retour des crevettiers.
707. — Hissage de la voile.
708. — Cirque de village.

KOOS (V.). S. 2, passage Dantzig (XVe).

709. — « Le Chèvre-Pied ».
710. — Paysage breton.
711. — Paysage breton.

KOUSTODIEFF (B.). Chez M. Aronson, 93, rue de Vaugirard (VIe).

712. — Portrait de M. Warfolomeeff.
713. — Portrait du peintre Bilibine.

KOZNIEVSKA (Mlle M.). 15, rue Delambre (XIVe).

714. — Portrait de la mère de l'auteur.

KUNFY (L.). 41, rue Bayen (XVIIe).

715. — Type de mon village (jeune femme).

LABARRE DUPARCQ (L.-C. DE). 11, rue Jouffroy (XVIIe).

716. — Le Birlo. Ile de Bréhat (Côtes-du-Nord).

LABROUCHE (P.). 29, avenue Henri-Martin (XVIe).

717. — La grille rouge (automne).

LAFERRIÈRE (R.). Bainville-aux-Miroirs, par Bayon (Meurthe-et-Moselle).

718. — Soir après l'orage.

LA GANDARA (A. DE), S. 22, rue Monsieur-le-Prince (VIe).

719. — Portrait de Mme G...
720. — Portrait de Mlle Polaire.
721. — Le Luxembourg.
722. — Le Luxembourg.

LAGARDE (P.), S. 5, rue Pelouze (VIIIe).

723. — Soir de guerre.

LA HAYE (A.), S. 12, boulevard Amiral-Courbet, Nîmes.

724. — Portrait d'enfant.
725. — Les bains romains à Nîmes.
726. — Près de la source à Nîmes.

LAJALLET (Mme H. DE). 57, boulevard Pereire.

727. — Fleurs.

LAMBERT (F.). 3, cour de Rohan, rue du Jardinet (VIe).

728. — Le pont Marie.

LAMBERT (G.). 93, rue de Courcelles (XVIIe).
729. — Petit port de pêche.

LAMBERT (G.-W.) Roseette Studios Chelsea, Londres.
730. — Portrait de gentleman.
731. — Les trois Kimonos.

LANCEROTTO (E.). San Trovaso Ognisanti, 1464, Venise.
732. — A la Villa.

LA NÉZIÈRE (J. DE). *A*. 6, rue Aumont-Thiéville (XVIIe).
733. — Marché annamite.

LANG (E.-A.). 13, Edwardes Square, Londres W.
734. — Saint-Malo.

LA PERCHE-BOYER (H. DE), *A*. 169, boulevard Malesherbes (XVIIe).
735. — Orage sur la vallée de l'Arve.
736. — Aurore brumeuse.

LA ROCHEFOUCAULD (H. DE), *A*. 157, rue du Faubourg-Saint-Honoré (VIIIe).
737. — Matin d'été (panneau décoratif peint à la cire).
738. — L'hiver.

LARRUE (G.). *A*. 11, rue Jacques-Boyceau, à Versailles.
739. — Seule.
740. — L'escalier de la Reine à Versailles.
741. — Le Sphinx de J. Sarrazin qui est la plus ancienne sculpture de Versailles.

LATENAY (G. DE). *S*. 147, avenue de Villiers (XVIIe).
742. — Calme d'été.
743. — Solitude (Artois).
744. — Escaut.

LA TOUCHE (G.). *S*. 31, rue Dailly, à Saint-Cloud (Seine-et-Oise).
745. — L'alerte.
746. — Partie champêtre.
747. — Le charme.
748. — La petite marquise.
749. — La bourrasque.
750. — L'heure dorée.

LAURENS (P.-A.), *A*. 17, avenue de Tourville.
751. — La source.

LAUVRAY (A.). 2. rue de Berne (VIIe).
752. — Effet de neige.

LAVERY (J.). S. Cromwell-Place, Londres, S. W.
753. — Polymnia.
754. — Miss Welsh.
755. — Comte de Donoughmore.

LA VILLÉON (E. DE), *A*. 94, rue du Bac (VIIe).
756. — Le ruisseau. Vallée de Sainte-Croix (Jura).
757. Le glacier. Environs de Chamonix.
758. — Paysage nivernais.

LEBASQUE (H.). *S*. 18, quai Bizeau, à Pomponne, par Lagny (S.-et-M.).
759. — Le baiser.
760. — Laveuses.
761. — Débardeurs.
762. — Portrait.
763. — Petite fille au bord de l'eau.
764. — Promenade sur le quai à Pomponne.

LE CAMUS (L.). *S. D*. 18, rue de l'Abreuvoir (XVIIIe).
765. — Vue du pont du Gard.
766. — Vue du pont du Gard.
767. — Le Gardon.
768. — Forêt de Hohwald (Vosges).

LECHAT (A.-E.), *A*. 51, rue Scheffer (XVIe).
769. — Dans le Pas-de-Calais. Un matin (paysage).
770. — Dans le Pas-de-Calais. Une après-midi (paysage).

LEE-ROBBINS (Mme L.), *A*. Chez M. Cagnard, 17, rue Bréa.
771 — Portrait.
772. — Femme nue.
773. — Au bord de l'eau.

LE FOURNIS (J.), *A*. 58, rue Mirabeau, à Angers.
774. — Rochers de Saint-Guénolé.
775. — Jetée de Beg-Meil.
776. — Rivière du Pont-Aven.

LE GOUT GÉRARD (F.-M.-E.). *S*. 93, rue Ampère (XVIIe).
777. — Débarquement de thon à marée basse.
778. — Le bac Concarneau.
779. — Le phare (lever de lune).
780. — Les tricoteuses (soir).
781. — Le port de Concarneau.
782. — A Tunis le matin.

LEGRAND (L.), *S*. 51, rue Le Peletier (IXe).
783. — Soleil d'automne.

LE MAINS (G.). *A*. Saint-Cloud, 11, rue du Calvaire.
784. — La chute du jour.

785. — La route sur la lande.
786. — Dans la ville basse.

LEMAIRE (Mme M.), *S.* 31, rue de Monceau (VIIIe).
787. — Conversation.
788. — Les brodeuses.
789. — La femme au chien.

LE PAN DE LIGNY (J.), *A.* 17, rue Raffet (XVIe).
790. — Noce bretonne à Kerglas (Morbihan).
791. — Vue sur le bord de l'Erdre (Loire-Inférieure).
792. — Village de la Chambre (Loire-Inférieure).

LE PETIT (A.-M.), 37, rue Lamarck (XVIIIe).
793. — La « Sommière ».

LÉPINE (J.), *A.* 203, boul. Raspail (XIVe).
794. — Le pont Neuf.
795. — Pyrénées.

LE RICHE (H.), *A.* 198, rue de Courcelles (XVIIe).
796. — L'Orient s'embrase, peinture décorative.
797. — Portrait de M. G. T...

LEROLLE (H.), *S.* 20, av. Duquesne (VIIe).
798. — Panneau décoratif pour une salle blanche.
799. — Portrait.
800. — Pommes.

LEROY-SAINT-AUBERT (C.), *A.* 55, rue du Cherche-Midi (VIe).
801. — Une ferme à Berneval.
802. — Lever de lune.

LESAGE, 22, rue Lamoricière, à Nantes.
803. — Intérieur de cave.

LE SIDANER (H.-E.), *S.* 1, rue Barye (XVIIe), et Gerberoy, par Songeons (Oise).
804. — La rue au crépuscule.
805. — Trianon.
806. — Le portrait.
807. — Le pont.
808. — L'église.
809. — Le perron.

LESREL (A.-A.), *A.* 85, rue Ampère (XVIIe).
810. — Propos de chasseurs.
811. — La répétition.

LEVER (H.), Saint-Yves-Cornwall (Angleterre).
812. — « Briezy Way », Saint-Yves-Harbor.
813. — Réflections Phillack.

LEWISOHN (R.), *A.* 7, rue Duperré (IXe).
814. — Le moissonneur.
815. — Jeune Italien (nu).
816. — Matin d'été (bords de l'Oise).
817. — Brumes d'automne.

LHERMITTE (L.-A.), *S.* 15, rue Pierre-Ginier, avenue de Clichy (XVIIIe).
818. — Chez les humbles.
819. — Repos en moisson.
820. — La soif.

LIBAUDIÈRE (C.-M.), 31, avenue des Ecoles, à Vitry-sur-Seine.
821. — La place du Petit-Vitry en automne.

LIGNIER (J.), *A.* 11, square de Messine (VIIIe).
822. — Portrait de Mme Albert Lynch.
823. — Portrait de Mlle M. R...

LISBETH-DELVOLVÉ-CARRIÈRE, *A.* 48, rue des Bernardins (Ve).
824. — Les Tuileries (paysage).
825. — Les chrysanthèmes (paysage).
826. — Coings.
827. — Roses.

LUISSAC (P.), 60, boulevard de Clichy (XVIIIe).
828. — Coin de jardin en plein soleil.

LJUNGMAN (R.-K.-G.), 7, rue Belloni (XVe).
829. — Matin d'été.

LOBRE (M.), *S.* 2, rue de la Paroisse, Versailles (Seine-et-Oise).
830. — Le vitrail bleu (cathédrale de Chartres).
831. — La tour du chœur (cathédrale de Chartres).
832. — Le salon d'Hercule (château de Versailles).
833. — Petit salon bleu et or (château de Versailles).
834. — La façade du château de Versailles.

LOTTIN (F.), *A.* 104, rue de la Tour (XVIe).
835. — Portrait d'homme.
836. — Désert.
837. — Niel.
838. — Fleurs bleues.

LOUP (E.), *A.* 25, rue Vaneau (VIIe).
839. — Tête d'étude.
840. — Convalescente.
841. — Lecture.

MACDONALD (Mlle B.). 34, Thurloe Square, Londres S. W.

842. — Portrait de lady Alix Equerton.

MAC EVOY (M.). Lower Bourton, Shrivenham Berks (Angleterre).

843. — « Evening Sunlight ».

MACKENZIE (J.-G.). 147, boulevard Montparnasse (VIe).

844. — Après l'orage.

MAC MONNIES (Mme M.-L.), *A*. Giverny, par Vernon (Eure).

845. — Le mannequin (intérieur d'atelier).

846. — En veillant la marmite.

MACPHERSON (M.-C.). 5, villa Michel-Ange, rue Bastien-Lepage (XVIe).

847. — Un coin de parc (villa d'Esté).

MAC-PHERSON (Mlle M.). Chez M. Lefèvre-Foinet, 2, rue Bréa (VIe).

848. — Nature morte (oignons).

MADELINE (P.). 17, quai Voltaire (VIIe).

849. — Automne.

850. — Solitude.

MAHUDEZ (Mme J.). 11, rue d'Ulm (Ve), et 32, rue de Balzac, à Villeneuve-Saint-Georges (Seine-et-Oise).

851. — Le père Hantz.

MANGEANT (P.-E.), *S. A*. 102 *bis*, avenue de Paris, à Versailles.

852. — L'âge d'or.

853. — Le métropolitain (viaduc de Passy, en construction, novembre 1904).

MANGIN (M.). *A*. 102, rue Erlanger (XVIe).

854. — Etude.

MARCEL-BÉRONNEAU (P.). 49, boulevard du Montparnasse (VIe).

855. — Tristesse (porche d'église).

856. — Douloureuse station.

MARCETTE (A.), *A*. 193, rue de la Loi, Bruxelles, et Nieuport-Digue, 23.

857. — L'arrivée du bateau-vapeur « Zélande ».

MARZOCEHI (N.). 119, rue de la Tour (XVIe).

858. — Combat de sirènes (peinture à fresque).

MASRIERA (L.). 72, rue Bailen, à Barcelone.

859. — « Mœurs de Gitanos ».

MATHEY (P.). *S*. 159, rue de Rome (XVIIe).

860. — Portrait de M. R...

861. — Portrait de Mlle M. M...

MAURER (A.-H.), *A*. 9, rue Falguière (XVe).

862. — Gabrielle.

863. — Jeanne.

864. — Au jardin.

865. — Au café.

MAYOR (F.). Chez MM. Chaîne et Simonson, 19, rue Caumartin (IXe).

866. — A Tanger.

MEIXMORON (C. DE), *A*. 19, rue de Strasbourg, Nancy.

867. — Soir à Diénay (Côte-d'Or).

868. — Automne à Diénay (Côte-d'Or).

869. — Dans le parc de Luxeuil.

MELCHERS (G.), *S*. 28, rue Vernier (XVIIe).

870. — Brabançonne.

MÉLOIZES (H. DES). 18, rue Jacques-Cœur, Bourges.

871. — La vallée de Prades, à Châtelguyon.

MÉNARD (E.-R.). *S*. 7, place du Panthéon (Ve).

872. — Nus au crépuscule.

873. — Coucher de soleil (côte de Corse).

874. — Chaîne du mont Blanc.

875. — Temps calme.

MÉRET (E.-L.). 9, rue Chaptal (IXe).

876 — Notre-Dame (le dégel).

MESDAG (H.-W.), *S*. La Haye (Hollande).

877. — Le matin (brouillard).

878. — Crépuscule.

MESLÉ (J.-P.), *S*. Champigny, par la Ferté-sous-Jouarre (Seine-et-Marne).

879. — La grève de Kerdaniel.

880. — Vieilles maisons à Sainte-Aulde.

881. — Matin d'automne.

882. — Paysage de novembre.

883. — Lever de lune sur la Marne.

884. — Lever de lune sur le village.

METCHNIKOFF (O.). 18, rue Dutot (XVe).

885. — Jardin en automne.

MEUNIÉ (P.-H.). 16, rue Chazelles (XVIIe).

886. — La sablière.

MIGNON (L.), *A*. 51, rue du Cardinal-Lemoine, Paris (Ve).

887. — Portrait de M. René M...

888. — Portrait de M. L. P...

MILCENDEAU (C.-H.), *S*. 151 *bis*, rue de Grenelle, cité Négrier (VIIe), et au Bois-Durand, Soullans (Vendée).

889. — Le fendeur de bois.

890. — Scène familiale.
891. — Repas de paysans (Intérieur maraîchin).
892 — Pochade rapide au clair de lune.

MILNER-KITE (J.), 17, rue Campagne-Première (XIVe).
893. — « Les deux glaces ».

MINARTZ (T.). A. 37, rue Fontaine (IXe).
894. — Mardi gras.
895. — La promenade des Champs-Elysées.
896. — Bacchante.

MOISSET (Mlle M.), A. 59, rue de Prony (XVIIe).
897. — Livres (nature morte).
898. — Nature morte.

MOLINARD (P.). 147, avenue de Villiers (XVIIe).
899. — Vue de ma fenêtre (paysage).

MOLLIET (Mme C.), A. 119, avenue de Clichy (XVIIe).
900. — Un bout de causette.
901. — En prairie.

MONCOURT (A. DE), A. 15, rue Duphot (Ier).
902. — La roulotte.
903. — Automne (Flandre).
904. — Le couvent (Flandre).
905. — La place Verte (Ponthieu).

MONOD (L.-H.). A. 2, rue Fortuny (XVIIe).
906. — Flava Lycorias.
907. — La grotte.

MONTENARD (F.). F. 7, rue Ampère (XVIIe).
908 — La cueillette des olives (panneau décoratif destiné à l'hôtel des agriculteurs de France).
909. — Arrivage d'oranges (Marseille).
910. — Sur la grève (rade de Beaulieu).
911. — Entrée du vieux port (Marseille).
912. — La foulaison (Provence).
913. — Coups de vent de mistral (Provence).

MONTZAIGLE (E.), A. 22, rue de la Condamine (XVIIe).
914. — Portraits de M. et Mme D...

MOREAU-NÉLATON (E.). S. 73 *bis*, faubourg Saint-Honoré (VIIIe).
915. — Le bouquet.
916. — La lecture.
917. — Le lever.
918. — Église de campagne.
919. — Printemps.
920. — Hiver.

MORISSET (H.-F.), S. 15, rue Lemercier (XVIIe).
921. — Le modèle.
922. — A Trouville ; la plage.
923. — Souvenir d'un bal (pochade).
924. — Le chameau.
925. — Étude de nu.
926. — Étude de nu.

MORRICE (J.-W.). S. 45, quai des Grands-Augustins (VIe).
927. — Course de taureaux à Marseille.
928. — Le quai des Grands-Augustins (neige).
929. — L'Eglise S. Pietro di Castello (Venise).
930. — Au bord de la mer (Saint-Malo).
931. — Le cirque.
932. — La place Valhubert (Paris).

MOTTA (D.). 29, avenue de la Grande-Armée (XVIe).
933. — Christ et la tempête.

MOULLÉ (A.). S. 21, rue de Constantinople (VIIIe).
934. — La route de Saint-Riquier à Ingouville-sur-Mer.
935. — La route de Néville à Ingouville-sur-Mer.
936. — La plaine de Veneux, près Moret.
937. — Les bords du Loing à Moret (fin de journée d'octobre).
938. — Le bois des habitants à Moret (effet d'automne).
939. — L'automne sur le coteau de Saint-Nicaise à Moret.

MOUSSATOF. 25, boulevard Montparnasse (VIe).
940. — Au bassin.

MOUTON (G.-L.). 113, rue Legendre (XVIIe).
941. — Henry et Philippe ; portraits.

MOUTTE (A.). S. Ecole des Beaux-Arts, à Marseille.
942. — « La Martine » (femme des environs d'Avignon).

MUENIER (J.-A.). S. 147, avenue de Villiers (XVIIe).
943. — Retour de l'Enfant prodigue.
944. — Le salon vert.

945. — La route de Coulvon (décembre).
946. — En province, l'hiver.
947. — La fontaine de Saint-Ursanne.
948. — Crépuscule.

MULLER (A.). 26, rue Merlin-de-Thionville (Suresnes).

949. — Le colin-maillard.
950. — Automne.

MUTERMIL CHOWA (Mme M.). *A.* 65, boulevard Arago (XIIIe).

951. — Portrait de Mlle J. F...
952. — Portrait d'un spirite.
953. — Fleurs de deuil.

MYRTON-MICHALSKI (S.-V.). *A.* 30, avenue Malakoff, Villa Nouvelle (XVIe).

954. — Le capitaine Ct de la B...
955. — Dame en noir (portrait).

NEAVE (D.). Carlyle Studios, 296, Kings Road Chelsea, Londres.

956. — Un jardin sur la Tamise.

NEVEN DU MONT (A.). 1, Cromwell-Houses, S. W.

957. — « Babsy ».
958. — « Le Pierrot ».

NORSELIUS (E.-P.). 15, rue Bourgeois.

959. — Les derniers rayons.

NOURSE (Mlle E.). *S.* 80, rue d'Assas (VIe).

960. — Les jours heureux.
961. — Intérieur suisse (Champéry).
962. — Vieille cuisine de la montagne.
963. — Dans le haut pâturage en Suisse.
964. — Jardin du Luxembourg.

OLEFFE (A.). Nieuportville (Belgique).

965. — Portrait de ma mère.

OSBERT (A.). *A.* 7, rue Alain-Chartier (XVe).

966. — La brume sur la mer.
967. — Silence d'automne.
968. — Dans le silence.

OSTERLIND. *A.* 21, boulevard du Château, à Neuilly-sur-Seine.

969. — La forge.

PAILLARD (H.). *S.* 13, rue Duperré (IXe).

970. — Quai de Rive-Neuve (Marseille).
971. — Le souk des forgerons (Tunis).
972. — Coin de port, Saint-Tropez (Var).
973. — Le souk des cordonniers (Tunis).

PAILLET (F.). *A.* 6, boulevard de Clichy (XVIIIe).

974. — Portrait de Mlle F. P...

PAVIOT (L.-C.). 63, rue Caulaincourt (XVIIIe).

975. — Baigneuse.

PELECIER (M.-C.). *A.* 44, rue Vandamme (XIVe).

976. — Intérieur pauvre } Scène de la vie en Bretagne.
977. — La soupe. } Scène de la vie en Bretagne.
978. — Avant la messe } Scène de la vie en Bretagne.

PERRET (A.). *A.* 20, cité Malesherbes (IXe).

979. — Paysannes aux champs.
980. — Brûleuses d'herbes.
981. — Paysanne de Chailly.

PERRICHON (J.-L.). *A. P.* et *G.* 40, rue Dutot (XVe).

982. — Fruits et vases.

PICARD (G.). *S.* 14, rue Hégésippe-Moreau (XVIIIe).

983. — Portrait de L. R. S.
984. — Etude.

PICARD (L.). *S.* 44, avenue Frochot et 26, rue Victor-Massé (IXe).

985. — Portrait de M. Louis Picard.
986. — Le souper au bord de la mer.
987. — Baigneuses.
988. — Au théâtre.
989. — Au théâtre (femme vue de dos).
990. — Jeune fille nue.

PICQUEFEU (R.-F.). *A.* 11 *bis*, rue de l'Ouest, Neuilly-sur-Seine.

991. — L'heure du casse-croûte dans un hospice de vieillards.
992. — Vieux pont sur la Rance, à Dinan.
993. — La rue de l'Apport, à Dinan.

PIERETTO-BIANCO (B.). 946, San Trovaso, Venise

994. — Dentelliers de Burano.

PIET (F.). *A.* 38, rue Rochechouart (IXe).

995. — Grand marché, Hennebont (Bretagne).
996. — Au square d'Anvers (Paris).
997. — Marché aux légumes (Vannes).

998. — Marché à la vaisselle (Pont-l'Abbé).

PINCHON (J.-P.). *A.* 6, rue Aumont-Thiéville (XVIIe).

999. — L'embarquement.

POINT (A.). *A.* Marlotte (Seine-et-Marne).

1000. — Une muse (peinture à la cire).

POWERS (Mlle M.). 4, rue Chevreuse (VIe).

1001. — Valence !
1002. — Le bouquet.

POZIER (J.). Eragny, par Gisors (Eure).

1003. — Le port de pierres. Moulin du Plessis. Pont-Aven.

PRINS (P.). *A.* 35, rue Rousselet (VIIe).

1004. — Gâve de Pau, soleil couché (Hiver).
1005. — Vieux moulin.Saint-Chéron. (Temps d'orage).
1006. — Cabaret à Montmartre, neige (soir).

PROUVÉ (V.). *S.* 7, ruelle de Nabécor, à Nancy.

1007. — Joie de vivre (panneau décoratif).

PRUNIER (G.). *S.* 24, rue Dombasle (XVe).

1008. — La Seine à Javel (Bruine).
1009. — Neige aux fortifications.
1010. — Sablière à Grenelle.
1011. — Viaduc d'Auteuil (crépuscule).
1012. — Issy-les-Moulineaux.
1013. — Aux fortifs.

RACHOU (H.). (Musée de Toulouse).

1014. — Portrait de femme.

RAFFAELLI (J.-F.). *S.* 202, rue de Courcelles (XVIIe).

1015. — La mare aux canards (paysages de France).
1016. — Le jour du marché (Paysages de France).
1017. — La route abandonnée (Paysages de France).
1018. — Effet de soir (Paysages de France).
1019. — Le village sur la colline (Paysages de France).
1020. — La petite rivière (Paysages de France).

RAMCE (J.-L.). *A.* Ouézy (Calvados).

1021. — Retour du troupeau.
1022. — Sous les arbres.
1023. — Dans la plaine.

REITRAC (J.). 13, rue Vignon (VIIIe).

1024. — Loen vand, près de Nordfjord (Norvège).

RENAUDOT (P.). 1, rue Cassini (XIVe).

1025. — Dans l'atelier.

RENOUX (E.). 50, rue Saint-Didier (XVIe).

1026. — Sur le coteau.

RICHIR (H.). *A.* 164, rue de la Consolation, Bruxelles (Belgique).

1027. — Portrait de Mme J. S...
1028. — Après le bain.

RIPPL-RONAI (F.-J.). *S. D.* et *A. P.* Kaposvar (Somogy) fö-utca, 58 a.

1029. — L'arbre de Noël.

RIXENS (A.). *F.* rue Boccador (VIIIe).

1030. — Portrait de M. le Chanoine O. D...
1031. — Portrait de M. le comte de G...
1032. — Bords de l'Ourse (Pyrénées).
1033. — Jeune fille faisant un bouquet.
1034. — Philosophe.

ROBERT (P.). *A.* 64, rue Larochefoucauld (IXe).

1035. — Portrait de Mme Cl. D...

ROBERTSON (A.). 49, boulevard Montparnasse (VIe).

1036. — Mme K...
1037. — Musicienne.

RŒDERSTEIN (O.-W.). *A.* 108, boulevard Montparnasse (XIVe).

1038. — La sœur de charité.
1039. — Portrait de l'auteur.
1040. — L'enfant aux violettes.
1041. — Zinnias.

ROGER (G.). *S.* 31, boulevard Berthier (XVIIe).

1042. — Petites filles hollandaises.
1043. — Effet de neige (Hollande).
1044. — Bateau en réparation (Amsterdam).
1045. — Le port d'Edam (Hollande).
1046. — Le canal (Hollande).
1047. — Paysage (Hollande).

ROLL (A.-P.). *F.* 41, rue Alphonse-de-Neuville (XVIIe).

1048. — Joies de la vie (art, mouvement, travail, lumière).
1049. — Jeunesse en rose.

RONDEL (H.). *S.* 43, rue du Rocher (VIIIe).

1050. — Portrait de M. Jean Béraud.
1051. — Portrait de M. de C..
1052. — Portrait de M. de B...
1053. — Etude.
1054. — Etude.
1055. — Etude.

ROSEN (E.-T.). 12 *bis*, rue Pergolèse (XVIe).

1056. — Une fleur.
1057. — Songeuse.

ROSSET-GRANGER (E.). *S.* 45, avenue de Villiers (XVIIe).

1058. — Portrait de Mme ***.
1059. — Pizzicato.
1060. — Femme à sa toilette.
1061. — La convalescente.
1062. — Portrait de M. M. B...

ROTH (C.). *A.* 19, avenue Gourgaud (XVIIe).

1063. — Portrait de Mme P...
1064. — Portrait de Mme S...

ROTHENSTEIN (A.). 18, Fitzroy Saint-Fitzroy, square W.

1065. — Le lit.

ROUSSEAU (J.-J.). *S.* 2, rue Aumont-Thiéville (XVIIe).

1066. — L'herbage au matin.
1067. — Dans le pré.
1068. — Au bord de la mare.
1069. — Cour de ferme.
1070. — Falaises.
1071. — Le sentier des douaniers.

(1066–1071 : Sainte-Marguerite-sur-Mer (Seine-Inférieure).)

RUSINOL (S.). *A.* 2, Plaza de Cataluna. Barcelone.

1072. — La mare verte.
1073. — Jardin d'automne.
1074. — Les lauriers roses.
1075. — Jardin romanesque.

RUSSELL (W.-W.). 23, Ashburnham Mansions Chelsea, Londres.

1076. — Femme en marron.

RUTY (P.-M.). 70 *bis*, rue Notre-Dame-des-Champs (VIe).

1077. — Portrait de mon père.
1078. — La Cascatelle.

SAGLIO (E.). *A.* 85, rue de Sèvres (VIe).

1079. — Le divan.
1080. — Le fauteuil rose.
1081. — Dame en noir.

SAIN (E.). *S.* 80, rue Taitbout (IXe).

1082. — Portrait de Mlle Renée du Minil, sociétaire de la Comédie-Française.
1083. — Les fillettes de l'ouvrier.
1084. — Olga et sa poupée.
1085. — Portrait du colonel de M...
1086. — Portrait de M. H. D...
1087. — Jeune fille au miroir.

SAIN DE HEERS (E.). 52, rue de La Rochefoucauld (IXe).

1088. — Au bourg d'Ault (Somme).

SAINVILLE (E.). 12, rue de Berlin (IXe).

1089. — « En visite ». Portrait de Mlle G. D...

SALA (J.). *A.* 23, rue des Martyrs (IXe).

1090. — Portrait d'Odette et Jacques
1091. — Portrait du Dr Reicht.

SANCHEZ-PERRIER (E.). *A.* Chez MM. Chaine et Simonson, 19, rue Caumartin (IXe).

1092. — Crépuscule.
1093. — Ruisseau aux environs de Séville.

SANDS (Mlle E.). 14, rue Picot (XVIe).

1094. — Femme au lit (intérieur).

SANTA-MARIA (A. DE). 16, rue Pierre-Charron (XVIe).

1095. — Portrait de Mme S. M...
1096. — La toilette de bébé.

SARGENT (J.-S.). *S.* 31, Tite Street Chelsea, Londres.

1097. — Portrait de Mme la duchesse de S...

SCHARF (V.). *A.* 5, rue Clément-Marot (VIIIe).

1098. — Portrait de Dr G...
1099. — Petite Hollandaise tricotant.

SCHEIDECKER (F.). *S. O.* 32, rue du Sentier (IIe).

1100. — Lavoir vannetais.
1101. — Donëlan.

SCHLICHTING (M.). Magdeburgerstr, 6, (Berlin). W.

1102. — Au théâtre Métropol, à Berlin.

SCHNEGG (G.). S. 40, rue Dutot (XVe).
1103. — Le déjeuner (scène d'intérieur).
1104. — Le repos (scène d'intérieur).
1105. — Dans l'atelier (portrait de M. S...).
1106. — La route de la Benauge près Bordeaux (après-midi de septembre).
1107. — Après-midi d'octobre, à Cenon, près Bordeaux.
1108. — Maisons à Cenon, près Bordeaux (après-midi d'août).

SCHOUTTETEN (L.). 7, rue Benvignat, à Lille.
1109. — Souvenirs de Venise (temps gris).

SCHULLER (J.-C.). A. 54, avenue Thiers, le Raincy (Seine-et-Oise).
1110. — Pavots.
1111. — Basse-cour.

SIBYL MENGENS (H.). 47, rue Campagne-Première (XIVe).
1112. — La tache rose.

SIMAS (E.). A. 15, rue Hégésippe-Moreau (XVIIIe).
1113. — Le soir (vieux Cabourg).
1114. — La divette (vieux Cabourg).

SIMON (L.), S. 147, boulevard Montparnasse, (VIe).
1115. — Soirée dans un atelier.

SIMONIDY (M.). 177, boulevard Pereire (XVIIe).
1116. — Portrait de Mlle de B...
1117. — Après l'orage (paysage).

SINGER (W.). 4, rue Cortambert (XVIe).
1118. — Intérieur.

SMEERS (F.), A. 39, avenue Jeanne-Ixelles, Bruxelles.
1119. — La mère.

SMITH (A.), S. 78 *bis*, rue Dulong (XVIIe).
1120. — La moisson.
1121. — Rivière sous bois.
1122. — Venise (coin de Rio).
1123. — Halte de bohémiens.
1124. — Soirée d'octobre.
1125. — L'automne sous bois.

SMITS (J.), A. Agterbosch Moll (Belgique).
1126. — Portrait de femme.
1127. — Paysage.

SONNIER (L.), A. La Ferté-sous-Jouarre (Seine-et-Marne).
1128. — Golfe d'Ajaccio.
1129. — La maison des Napolitains, Ajaccio.
1130. — Ponte Lecchia.

SOUILLET (G.-F.), A. 15, rue des Ursulines (V^e^).
1131. — Eclaircie dans la brume.
1132. — Soir d'automne sur la plage.
1133. — Quai Henri-IV (matinée de printemps).

STARKE (E.-K.). Fernath, près Bruxelles.
1134. — La vertu protégée.
1135. — Le peintre.

STENGELIN (A.), A. Chez MM. Chaine et Simonson, 19, rue Caumartin (IXe).
1136. — Coup de soleil sur la mer.
1137. — Vaches hollandaises.

STERNBERG-DAVIDS (N.). 33, rue Bayen (XVIIe).
1138. — L'enfant à la poupée.

STERNE (M.). 6, rue Vercingétorix (XIVe).
1139. — Entrée de ballet.
1140. — Sur la piazza, Anzio (Italie).

STETTEN (C.-V.). 73, boulevard Bineau, à Neuilly-sur-Seine.
1141. — La fleuriste.

STETTLER (M.). 90, rue d'Assas (XIe).
1142. — La petite danseuse.

STÉVENS (L.), A. 57 *bis*, boulevard Rochechouart (IXe).
1143. — Portrait du Dr Toupet.
1144. — Portrait de Jean et Pierre Tore.

STEWART (J.-L.). S. 36, rue Copernic (XVIe).
1145. — Rédemption.

STUDD (A.-H.), rue Bara (VIe).
1146. — La petite cour.

SUDDA (DELLA) (E.). 83, avenue Victor-Hugo (XVIe).
1147. — Le pavillon de Diane (Ile de France).
1148. — Les espaliers de Rantigny (Ile-de-France).

SURÉDA (A.). 62, rue de Rome (VIIIe).
1149. — Les chiffonnières.

SWYNNERTON (Mme A.-L.). Chez Mme Hunter, 30, Old Burlington Street. Londres W.

1150. — Mater triumphalis.

SZIKSZAY (F. DE). Château Elemer. Orsay, (Seine-et-Oise).

1151. — Laveuses (Bretagne, Tréboul).

THAULOW (F.), *S.* 21, boulevard Berthier (XVIIe).

1152. — L'entrée du château royal à Copenhague.
1153. — La neige en Normandie.
1154. — Nuit en Corrèze.

THOMAS (H.). 54, rue du Gouvernement-Provisoire, à Bruxelles.

1155. — Vénus......?

THOMASON (F.-Q.). 15, rue Boissonade (XIVe).

1156. — Intérieur.

THYSCBAERT (E.). Anderlestr, Bruxelles, et 7, rue de Bondy.

1157. — Travailleur de port.

TIETGENS (H.). Aux soins de M. Edwin Scott, 17, rue Boissonade (XIVe).

1158. — L'été.

TOFANO (E.), *A.* Avenue du Bois-de-Boulogne, 50 (XVIe).

1159. — Souvenir d'un hiver à Cannes.

TOURNÈS (E.), *S.* 114, rue de Vaugirard (VIe).

1160. — La femme aux miroirs.
1161. — Nature morte.
1162. — Nature morte.
1163. — Au lever.
1164. — Malade.
1165. — Portrait.

TRÉMERIE (C.). 50, boulevard Saint-Liévin, Gand.

1166. — Les bords de la Lys en Flandre (derniers rayons).

TRUCHET (A.), *A.* 4, rue Caroline (XVIIe).

1167. — Femmes dans un bar.
1168. — Café chantant en province.
1169. — Montmartroise.

ULLMAN (E.-P.), *A.* 108, boulevard Montparnasse (XIVe).

1170. — Portrait de Mme U...
1171. — Portrait de Mme Fister.
1172. — Portrait de mon ami Pat.

VAES (W.), *A.* 26, rue du Fagot, à Anvers.

1173. — L'oiseleur.
1174. — Vieilles maisons flamandes.

VALLE (E.). Chez M. Blanchet, 38, rue Bonaparte (VIe).

1175. — Le goûter (Asturies).

VALLÉE (L.). 126, rue d'Assas (VIe).

1175 *bis*. — Les ouvrières.

VAN CAUVELAERT (E.-J.), *A.* Rue du Fort, 19, à Gand (Belgique).

1176. — L'intrus.

VAN DER WEYDEN (H.). A Montreuil-sur-Mer.

1177. — Blé en moyettes, près Montreuil-sur-Mer.
1178. — Berger ramenant son troupeau (remparts de Montreuil-sur-Mer).

VAN-HOVE (E.). 31, rue Ledeganck, Gand.

1179. — Un franc maître.
1180. — Un savant.

VAN MELLE (H.). 7, rue Van Acken, Gand (Belgique).

1181. — Maison de pêcheur (paysage) à la Panne.

VAYSSE (L.), *A.* 26, rue de Staël (XVe).

1182. — Lever de lune à Savières.

VEBER (J.), *S.* 149, boulevard Pereire (XVIIe).

1183. — Les contes de fées (fragment de décoration).
1184. — Casino de frontière.
1185. — Le pesage.
1186. — Le voyage en automobile.
1187. — Fermentation.

VERNE (H. DU). 9, rue d'Odessa (XIVe).

1188. — Dans le port (Venise).

VERSTRAETE (T.), *S.* 42, rue de la Loi, Bruxelles.

1189. — Verger en Zélande.

VERSTRAETEN (E.-P.). Waasmunster (Flandre Orientale), Belgique.

1190. — La caravane (soir de neige).

VIALA (E.), *A. G.* 24, rue Poncelet (XVIIe).

1191. — Choses qui s'en vont (paysage).

1192. — Solitude (paysage).

VIDAL (E.-V.). *S.* 235, faubourg Saint-Honoré (VIIIe).

1193. — Une petite sauvage.

1194. — Paysage de Cannes (Alpes-Maritimes).

VIGNET (H.). Rue de Bretonvilliers (IVe).

1195. — Quai de l'Hôtel-de-Ville (après-midi d'hiver).

VILLEDIEU (Mlle M.). *A.* 41, rue Madame (VIe)

1196. — Fleurs.

1197. — Futures étoiles.

VISCONTI (E. D'ANGELO). 17, rue Campagne-Première (XIVe).

1198. — Portrait de Mme de Assis.

1199. — Portrait de Mlle B. Lindheimer.

VIVÈS-APY (C.-J.). Impasse Montevidéo, Marseille.

1200. — Reflets (Provence).

VON BECKERATH (H.), *A.* 65, boulevard Arago (XIIIe).

1201. — Portrait.

VON FLATOW-GRUSSOW (E.). Grussow bei Malehow (Mecklembourg).

1202. — Portrait de M. Kolmann.

WAGEMANS (M.), *A.* 13, rue Van-den-Brœck, Bruxelles.

1203. — Le poète Fallen.

WAHLBERG (A.), *S.* 14, rue Hégésippe-Moreau (XVIIIe).

1204. — Le vieux fort de Bohus (Suède).

1205. — Effet de lune à Moelle (Suède).

WAIDMANN (P.), *S.* 103, avenue de Neuilly, à Neuilly-sur-Seine.

1206. — Le vieux canal.

1207. — L'Eure (Chartres).

1208. — Chez Siska (Flandre).

1209. — Neige sur la Seine.

1210. — Le pont de Chatou.

1211. — Paysage.

(*Voir à la gravure*).

WEERTS (J.-J.), *S.* 77, rue d'Amsterdam.

1212. — Portrait de M. Paul Doumer, président de la Chambre, ancien Gouverneur de l'Indo-Chine.

1213. — Portrait de Mme Ward.

1214. — Portrait de M. Liard, recteur de l'Université de France

1215. — Portrait de M. Rousseau.

1216. — La bella Simonetta.

WENGEL (J.). *A.* La Cautereine-Attin, par Montreuil-sur-Mer (Pas-de-Calais).

1217. — Soir d'été.

WILLAERT (F.). *A.* 7, rue aux Draps, Gand.

1218. — Vieil enclos flamand.

1219. — Vieux quai flamand.

1220. — Béguinage flamand l'hiver.

WILLETTE (L.-A.). *S.* 37, rue Lacroix (XVIIe).

1221. — Parce Domine.

1222. — La mort de Gavroche.

1223. — Portrait de Mme Belin, libraire.

1224. — En route pour l'école.

1225. — Episode du siège de Paris.

WITTMANN (C.). 11, rue Boissonade (XIVe).

1226. — Après les courses.

WOOG (R.). *A.* 71, boulevard Gouvion-Saint-Cyr (XVIIe).

1227. — Portrait de Mme J. C...

WORCESTER (A.). 29, rue Delambre (XIVe).

1228. — La tasse de thé.

1229. — Etude de nu.

YOUNG (C.-M.). 56, rue Notre-Dame-des-Champs (VIe).

1230. — Soir d'hiver en Amérique.

ZAKARIAN (Z.). *S.* 62, rue de Rome (XVIIe).

1231. — La raie.

1232. — Panier de pêches.

1233. — Les oignons blancs.

ZULOAGA (I.). *S.* 130, faubourg Saint-Honoré (IXe).

1234. — Mes cousines.

1235. — Le maire de Torquemada.

1236. — Le toréador « El Bunolero ».

ZURICHER (Mlle B.). 11, boulevard Gouvion-Saint-Cyr (XVIIe).

1237. — Chrysanthèmes.

DESSINS

AQUARELLES, PASTELS, MINIATURES

ALAUX (G.). *S.* 31, boulevard Berthier (XVIIe).

1238. — Femmes attendant les pêcheurs.

1239. — Guetteur pendant la tourmente.

1240. — Deux vieux débris.

ALTAMURA. 18, rue Brunel (XVIIe).

1241. — Portrait du général Mansilla.

ANGST (C.-A.). 141, boulevard Saint-Michel (Xe).

1242. — Etre (dessin).

ARGENCE (E. D'), *A.* 8, chaussée du Pont, Boulogne-sur-Seine.

1243. — Le vieux chemin (dessin).

1244. — Temps d'orage (dessin).

ARMFIELD (M.). 4, rue de la Grande-Chaumière (VIe).

1245. — ΙΑΧΧΟΣ (Jacchos), à la mémoire de Walter-Pater.

ART (Mlle B.), *A.* 28, rue Blanche, Bruxelles.

1246. — Chrysanthèmes (pastel).

1247. — Rhododendrons violets (pastel).

AUBURTIN (J.-F.), *S.* 7, avenue de la Bourdonnais (VIIe).

1248. — Etude.

1249. — Etude de danse nue.

1250. — Etude de danse nue.

1251. — Etude de danse nue.

1252. — Etude de danse nue.

1253. — Etude de danse nue.

BAFFIER (J.), *S.* 6 *bis*, rue Lebouis (XIVe).

1254. — Série de dessins pour le réveil de la Gaule (Cadet Bartichar).

BALDWIN WARN. 18, rue de Grenelle (VIIe).

1255. — Etude (miniature).

1256. — Portrait de Me Mace.

1257. — Portrait de M. R. G. Durand.

BARNEZ (Mme A.). Wasington (U. S. A.).

1258. — Masque (portrait).

BARTHOLOMÉ (L.), *A.* 151, avenue de Tervueren, Bruxelles.

1259. — Intérieur en Provence (aquarelle).

BARTON (M.). 2, Spencer Street, Victoria Street, Londres.

1260. — Un jardin paysan en Angleterre.

BAUGNIES (J.), *A.* 23, avenue de Villiers (XVIIe).

1261. — Portrait de Mme O. de B...

1262. — Croquis d'après Mme M... J...

1263. — Portrait de Mme J. B...

1264. — Croquis d'enfant.

BÉJOT (E.), *S.* 12, boulevard Saint-Michel (Ve).

1265. — Charenton.

1266. — Rue Royale.

1267. — Le pont Royal.

1268. — Le pont Neuf.

1269. — Le quai de Billy.

BELLE (A.), *A.* 170, rue du Faubourg-Saint-Honoré (VIIIe).

1270. — Le clos au lever du jour.

1271. — Calme après l'orage.

BELLE (M.). 26, avenue du Trocadéro (XVIe).

1272. — Etude dans le Soissonnais.

1273. — Route de la Ferté-sous-Jouarre (Seine-et-Marne).

BELLERY-DESFONTAINES (H.-J.-F.), A. 131, rue de Vaugirard (xve).

1274. — Le repos du vieux tragédien (carton pour la décoration du réfectoire de la maison de retraite des artistes dramatiques, à Pont-aux-Dames).

1275. — Etude pour une affiche.

BELTRAND (J.), A. 60, boulevard Pasteur (xve).

1276. — Pastel.

BERMOND (Mlle M.) A. 9, rue du Val-de-Grâce (ve

1277. — Portrait de Mlle Simone Dameury, du Vaudeville.

1278. — Portrait de Pierre St-M...

BERTEAUX (H.-D.), S. 116, rue Saint-Dominique (viie).

1279. — Portrait d'Isaïe.

1280. — Portraits.

BERTHON (A.). 182, rue du Faubourg-St-Honore (viiie).

1281. — Portrait de M. E. F. Masele, préfet de la Loire.

BLUMBERG (A.). 5, rue Léopold-Robert (xive).

1282. — Un cadre contenant deux miniatures sur ivoire :
1. Etude d'enfant; 2. Portrait d'Olaf Sundt.

BOLDINI (J.), S. 41, boulevard Berthier (xviie).

1283. Portrait de Mme V. H...

1284. — Portrait de Mme L...

1285. — Portrait de M. W...

BONNEFOY (A.-A.). 5, avenue Daumesnil, à Saint-Mandé.

1286. — Portrait de Mme B... (aquarelle).

BONNENCONTRE (E.-C.), A. 100, rue d'Assas (vie).

1287. — Etude de nu.

1288. Etude de nu.

BORISOFF-MOUSSATOF (V.). Chez M. E. de Krougticoff, vice-président de l'Union des artistes russes, 25, boulevard Montparnasse (vie).

1289. — Près de la colonne (aquarelle).

BOYER (P.-E.), A. Saint-Quay-Portrieux (Côtes-du-Nord), et 56, rue George-Sand (xvie).

1290. — Le soir (pastel).

1291. — Le matin (pastel).

1292. — La nuit (pastel).

BOZNANSKA (Mlle O. DE). S, 114, rue de Vaugirard.

1293. — Un portrait (pastel).

BRANCOUR-LENIQUE (Mme B.). 19, boulevard Pasteur (xve).

1294 — Un cadre contenant deux miniatures :
1. Portrait de Mlle P. B... ; — 2. Portrait de Mlle T. B...

BRESLAU (Mlle L.-C.), S. 45, boulevard Inkermann, à Neuilly-sur-Seine.

1295. — L'image dans la glace.

1296. — Portrait de Mlle Barbarin (avec un chien).

1297. — Portrait de Mlle Dessouches (avec des souliers rouges).

BRIN (E.-Q.). 43, boulevard du Château, à Neuilly-sur-Seine.

1298. — Trois études pour danseuses.

BULFIELD (J.). 10, rue de Bagneux (vie).

1299. — Temps gris. Le bazar à deux sous.

1300. — Marché sur la place (Concarneau).

BUTTERFIELD (M.-L.-R.), née à Gand (Belgique).

1301. — Portrait de jeune fille (dessin).

1302. — Portrait de jeune garçon (dessin).

BUTTNER (H.). 12, rue de la Grande-Chaumière (vie).

1303. — Eléphant (pastel).

1304. — Vache (pastel).

CADELL (F.-C.-B.). 65, boulevard Arago (xiiie).

1305. — Ainslie Place (Edimbourg).

CARAYON (L.-B.). 8 *ter*, rue des Saules (xviiie).

1306. — Croquis d'animaux.

CARONI (J.-A.). 17, rue Notre-Dame-des-Champs (vie).

1307. — Le puits à glaise (dessin).

CARPENTIER (Mlle M.-P.), A. 60, rue de Maubeuge (ixe).

1308. — « Velléda » (dessin aquarellé).

1309. — Le pré aux peupliers (dessin aquarellé).

1310. — Le gros massif (dessin aquarellé).

1311. — Village à travers les arbres (dessin aquarellé).

CARRÉ (A.-J.-P.). 47, rue de l'Eglise-St-Seurin, à Bordeaux.

1312. — 4 portraits dans un cadre (dessins).

CARRIER-BELLEUSE (P.). S. 31, boulevard Berthier.

1313. — Portrait de Mlle S. Marconier (de l'Opéra).

1314. — Portrait de Mlle L. Houssin.

1315. — Portrait de M. le docteur Doyen.

1316. — Portrait de M. Léopold Bellan.

1317. — L'heure divine (communiantes).

1318. — Sur le fauteuil (étude de nu).

CHABANIAN (A.). 30, avenue Malakoff (XVIe).

1319. — Lever de lune sur les dunes.

1320. — Les pêcheuses.

CHAPMAN (Mlle M.-J.) 9, rue Falguière (XVe).

1321. — Une femme de Bretagne (miniature).

1322. — Un garçon (portrait miniature).

CHEVALIER (E.-J.). S. 151, rue de Grenelle (VIIe).

1323. — Les sables de Bellerive (St-Pair) (pastel).

1324. — Ciel d'orage (pastel).

CONTAL (J.). 150, avenue de Wagram (XVIIe).

1325. — Un cadre renfermant six études d'enfants (miniatures sur ivoire).

COSTERTON (C.-F.). 49, boulevard Montparnasse (VIe).

1326. — Un cadre contenant 4 miniatures :
1. Portrait de Mme C...; — 2. Portrait de Mlle W. A...; — 3. Portrait de Bébé; — 4. En peignoir.

1327. — Portrait de Mme K... (miniature).

COURANT (M.-F.-A.), S. Clos de l'Abbaye à Poissy (Seine-et-Oise), et chez MM. Chaine et Simonson, 19, rue Caumartin (IXe).

1328. — Dans l'avant-port (aquarelle).

1329. — Rouen le matin (aquarelle).

COURBIN (F.). Chez M. Lepoutre, 11, rue de Seine (VIe).

1330. — Cadre croquis.

CRAWSHAW (L.-T.). Polton Toft, Doncaster (Yorshire) (Angleterre).

1331. — Dans le mois d'octobre.

CRESPEL (B.-M.-H.). A. Château de Duisans, par Mareuil (Pas-de-Calais).

1332. — Le coffret.

1333. — Asters.

1334. — Etude de feuillage.

1335. — Clématites.

DAGNAC-RIVIÈRE (C.-H.-G.). 23, boulevard Pasteur (XVe).

1336. — Nuit claire (monotype en noir).

1337. — Le moulin (monotype en couleurs).

DAVIDS (R.), A. 7, rue Puvis-de-Chavannes (XVIIe).

1338. — Portrait de Mme Alf. B...

1339. — Portraits du colonel E. H..., de Mme Louis F... (étude).

1340. — Portrait de Mme Raoul B...

1341. — Portrait de Mme L...

DECISY (E.). S. 2, rue de Steinkerque (XVIIIe).

1342. — Enfant aux osselets (dessin).

DEDINA (J.), A. 49, rue Beaunier (XIVe).

1343. — Etude tête du Christ.

1344. — Etude de portrait.

DÉJARDIN (J.). Le Cateau (Nord), route de Pommereuil.

1345. — Eglise Saint-Sulpice (pastel).

DELACHAUX (L.), S. 20, rue Durantin.

1346. — Portrait de Mlle Marie L... R... (pastel).

1347. — Portrait de E. Barau (fusain).

1348. — Dessin mine de plomb, Francine.

1349. — Germaine (dessin à la craie noire).

1350. — Fillette faisant du crochet (dessin à la craie noire).

1351. — Marie (dessin à la craie noire).

DELASALLE (A.), A. 3, rue Jean-Baptiste-Dumas (XVIIe).

1352. — Tigre.

1353. — Juif de Dordrecht.

1354. — Quai aux fleurs à Paris.

1355. — Un canal à Dordrecht.

DELÉCLUSE (A.), A. 84, rue Notre-Dame-des-Champs (VIe).

1356. — La femme aux gerbes (dessin monotype).

DEVILLE CHABROL (Mlle J.). 7, rue Léon-Cogniet (XVIIe).

1357. — Un cadre contenant :

1. Les Saules Nivernais ;
2. La Tuilerie (Sologne).

DIDRON (M.). 20, rue de Grenelle (VIIe).

1358. — Un cadre contenant 2 miniatures :

1. Portrait de M. Corroyer (appartient à Mme Corroyer ; — 2. Portrait de Mme Paul Hasteij (appartient à M. Paul Hasteij)

DUBUFE-WERHLÉ (Mme J.), A. 6, rue Puvis-de-Chavannes (XVIIe).

1359. — Portrait de Mme E. M...
1360. — Portrait de Mme M. G...
1361. — Espagnole.

DUHEM (H.), S. 10, rue d'Arras, Douai (Nord).

1362. — Soleil dans la brume.
1363. — Maison au bord de l'eau.
1364. — Route à l'automne.
1365. — La barrière.

DUVINAGE (J.). 114, rue Caulaincourt (XVIIIe).

1366. — Le petit Chaperon rouge (dessin).

ELEN (Mlle M.). Boulevard Gouvion-St-Cyr (XVIIe).

1367. — Roses blanches (pastel).

ELIOT (Mlle J.). 37, boulevard de Clichy (IXe).

1368. — La Seine à Triel (pastel).
1369. — La prairie (pastel).

ENGEL (A.). 30, avenue de Rumine, Lausanne.

1370. — Bordure de bois à Ripaille.

ENGEL (J.), A. 11, rue Constance (XVIIIe).

1371. — Portrait de M. L. P. y G...
1372. — Un gueux (dessin rehaussé en couleurs).
1373. — Étude d'homme (dessin rehaussé en couleurs).
1374. — Étude de femme (dessin rehaussé en couleurs).

ERTZ (E.). 25, rue de Trévise (IXe).

1375. — Intérieur d'une chaumière.

FÉAU (A.) 27, rue Raffet (XVIe).

1376. — Étude fusain (paysage).
1377. — Étude fusain (paysage).

FELIU. S. 27, rue Damrémont (XVIIIe).

1378. — Portrait de M. E. C...
1379. — Déshérités.

FLEURY (Mme F.), A. 42, rue Victor-Massé (IXe).

1380. — Rêverie (pastel).
1381. — Mme P... (pastel).

FLEURY (M.). 71, avenue de la Bourdonnais (VIIe).

1382. — Petite fille à la poupée.

FLINT (W.-R.). 19, George Street, Portman Square, Londres, W.

1383. — Le nuage blanc.

FORBES (G.-S.). 37, avenue de l'Alma (VIIIe).

1384. — Vénitienne (tête de femme, aquarelle).

FORESTIER (A. DE). 47, rue de Miromesnil (VIIIe).

1385. — Vieilles maisons à Saint-Gingolph (Valais).

FORGES (J.). 30, avenue du Maine (XIVe).

1386. — Place de l'Église Crozon (Finistère).

FRIANT (E.), S. 11, boulevard de Clichy (IXe).

1387. — Portrait de M. Henri Roujon, secrétaire perpétuel de l'Académie des Beaux-Arts.
1388. — Portrait de M. J. W...
1389. — Portrait de M. L. C...

FUCHS-LALO (Mme N.). 22, rue de Tocqueville (XVIIe).

1390. — Roses blanches.
1391. — Œillets et lilas.

GALANIS (D.). 106, rue d'Assas (VIe).

1392. — Femme en noir.

GALLAY-CHARBONNEL (Mme N.), A. 69, boulevard Saint-Michel (Ve).

1393. — Le bassin du jardin du Luxembourg.
1394. — Un coin de terrasse (jardin du Luxembourg).

GAUTIER (Mme M.), S. 6, villa de la Réunion (XVIe).

1395. — Série d'aquarelles rehaussées :

1. Newhaven vu de Seaford ; 2. Enfants aux bords de la mer ; — 3. Rocher à Saint-Lunaire ; — 4. La chapelle Sainte-Barbe à Roscoff ; — 5. Soleil couchant à Primel ; — 6. Autre soleil couchant à Primel.

1396. — Série d'aquarelles rehaussées :

1. Falaises du Havre, vues de

Villerville ; — 2. Le fort à Antibes ; — 3. Moulins ; — 4. La côte de Roscoff, vue de Primel (appartenant à M. S..) ; — 5. Mer calme ; — 6. Ciel d'orage à Primel.

GEORGE (N.). 61, rue La Fontaine (XVIe).

1397. — Portraits d'enfants (crayons de couleurs).

GEORGET-FAURE (H.-A.). 218, boulevard Raspail (XVIe).

1398. — Vieux moulin (dessin rehaussé d'aquarelle).

GILLOT (E.-L.), S. 86, rue Notre-Dame-des-Champs (VIe).

1399. — En route pour Capri.
1400. — Une rue de Venise (coucher de soleil).
1401. — Étude de bateaux au soleil.
1402. — Coucher de soleil (Venise).
1403. — Le Rio.
1404. — La Chiggia.

GIRAUD (M.). 28, cours Morand, Lyon.

1405. — Enfant et sa poupée (pastel).

GŒPP (A.). 43, rue Perronet, à Neuilly-sur-Seine.

1406. — Soleil couchant en mer.

GUIGUET (F.), S. 13, rue Ravignan (XVIIIe).

1407. — Portrait de Mme *** (crayon et sanguine).
1408. — Portrait d'enfant (crayon et sanguine).
1409. — Portrait d'enfant (crayon et sanguine).
1410. — Enfant tricotant.
1411. — Croquis.
1412. — Jeune fille (dessin aux trois crayons).

GUILLET (F.-P.). 36, rue Saint-Sulpice (VIe).

1413. — Aquarelle (étude).

GYLLENHAMMAR (G.). 2, passage de Dantzig (XVe).

1414. — A Montmartre (pastel).

HAGEMANS (M.). A. 27, rue du Magistrat, Bruxelles.

1415. — A la lisière du bois (aquarelle).

HALL (C.-M.). 199, avenue Victor-Hugo (XVIe).

1416. — Étude de paysage (dessin fusain et pastel).

HARTMANN (Mlle L.). A. 4, place Malesherbes (XVIIe).

1417. — Jeune fille au miroir.
1418. — Portrait d'enfant.
1419. — Tête d'étude.

HAVET (H.), A. 22, rue Saint-Ferdinand (XVIIe).

1420. — L'église de Vaumain (aquarelle).
1421. — Salammbô (dessin).

HAWKINS (L.-W.), S. 4, rue Aumont-Thiéville (XVIIe).

1422. — Endormie (aquarelle).
1423. — A la fenêtre (aquarelle).
1424. — Rieuse (aquarelle).
1425. — Portrait de Mlle C...

HENDERSON (A.-K.). 4, rue de la Grande-Chaumière (VIe).

1426. — La « Ugly Princess » (dessin).
1427. — Poupées (aquarelle).

HERMANN (P.). 135, rue du Ranelagh (XVIe).

1428. — Portrait de Mme C. P...
1429. — Portrait de Mme A.-A. H...
1430. — Matin.
1431. — A souper.

HILLGREN (B.), en Suède.

1432. — Portrait.

HINSHAW (G.). 3, rue Bara, Paris (VIe).

1433. — Portrait (esquisse de femme).

HOCHARD (G.), A. 181, rue de Courcelles (XVIIe).

1434. — Au village. Les pompiers et la fanfare (dessin rehaussé de détrempé).

HOUBRON (F.), S. 32, rue de la Victoire (IXe).

Peinture à l'eau :

1435. — Le parlement (Londres).
1436. — Vue prise de Trafalgar square (Londres).
1437. — La Tamise soir (Londres).
1438. — La Tamise (les mouettes) Londres.
1439. — La place de la Concorde (Paris).
1440. — La Madeleine (Paris).

HUET (G.). 7 *bis*, avenue des Sycomores, villa Montmorency (XVIe).

1441. — Bois d'oliviers le matin.

ISBERT (Mme C.). 37, avenue de Villiers (XVIIe).

1442. — Un cadre contenant trois miniatures :
1° Portrait de Mme M. M*** ; — 2° Jeune fille au vitrail ; — 3° Souvenir d'atelier.

IWILL (M.-J.). S. 11, quai Voltaire (VIIe).
1443. — Nuits vénitiennes (dessin).
1444. — Soir en Hollande (pastel).
1445. — La voile blanche (dessin).
1446. — La Salute la nuit (dessin).

IWILL (R.). 11, quai Voltaire (VIIe).
1447. — La route (soir de novembre).

JARACH (A.) (dit A. Jack). 37, rue Brochant (XVIIe).
1448. — La table de café.

JOURDAIN (F.). A. G. 159, avenue Malakoff (XVIe).
1449. — La rue aux gosses (dessin).
1450. — Soir romantique (dessin).

JOURDAIN (H.). A. 4, passage des Eaux, quai de Passy (XVIe).
1451. — Le parc (Saint-Cloud).
1452. — Le vieux moulin.
1453. — La rue Berton à Passy.

KAUFMAN (L.). 10, passage Doisy (Etoile) (XVIIe).
1454. — Portrait-panneau décoratif (Wanda-Landovska).

KAZAK (Princesse E.), A. 59, avenue de Saxe (VIIe).
1455. — « Aux feux de la rampe » (portrait de Mlle Yvonne de Tréville).
1456. — Portrait de Réginald van Ramey.

KIBBEY (Mlle H.). 4, rue de Chevreuse (VIe).
1457. — Tête de vieille femme (crayon).
1458. — Jeune fille hollandaise (dessin en couleur).
1459. — Homme hollandais (dessin en couleur).
1460. — Petit garçon hollandais (dessin en couleur).

KIMMERLI (V.). 2, passage du Marché-Saint-Martin (X^e).
1461. — Pavots d'Orient.
1462. — Zinnia.

KLAMROTH (A.), A. Peterleinweg, 10, III, Leipsig.
1463. — Docteur Ostwald, professeur à l'Université de Leipsig, directeur du laboratoire de chimie et physique.

LABOUCHÈRE (N.). 23, chapell-Saint-London S. W.
1464. — Katwijk Binnen.

LA GANDARA (A. DE). S. 22, rue Monsieur-le-Prince (VIe).
1465. — Portrait du peintre Durozé.
1466. — Étude d'après Liane de Pougy.
1467. — Étude d'après Liane de Pougy.
1468. — Une jeune femme et une vieille femme.

LANDAU (Mlle E.). 33, rue Victor-Massé (IXe).
1469. — Portrait de Mlle T. C...

LA NEZIÈRE (J. DE), A. 6, rue Aumont-Thieville (XVIIe).
1470. — Sibériens (Irkoutsk).
1471. — Paysannes russes (Irkoutsk).
1472. — En Hollande.

LANGRAND (J.-A.). 92, rue de la Victoire (IXe), et Caudebec-en-Caux (Seine-Inférieure).
1473. — Tournant de Basse-Seine (brume du matin).

LA ROCHEFOUCAULT (H. DE), A. 157, rue du Faubourg-Saint-Honoré (VIIIe).
1474. — Portrait de Mme la duchesse douairière de L. R. G...
1475. — Portrait de Mlle M. A. D...

LATTER (Mme R.-C.). 4, rue Victor-Considérant (XIVe).
1476. — Portrait de M. D. A. W...

LEBASQUE (H.). S. 18, quai Bizeau, à Pomponne, par Lagny (Seine-et-Marne).
1477. — Pastel (étude).

LECHAT (A.-E.), A. 51, rue Scheffer (XVIe).
1478. — Une place à Montreuil-sur-Mer (gouache).
1479. — Le marché de Montreuil-sur-Mer (gouache).
1480. — La rue du Clape en bas, à Montreuil-sur-Mer (gouache).
1481. — Déchéance (gouache).

LE GOUT-GÉRARD (F.-M.-E.), S. 93, rue Ampère (XVIIe).
1482. — Lever de lune (Bretagne).
1483. — Au soleil couchant.
1484. — Soirée calme (Bretagne).

LEGRAND (L.), S. 51, rue Le Peletier (IXe).
1485. — Le parisien (pastel).
1486. — Le bon bedeau (pastel).
1487. — Mademoiselle X... (pastel).
1488. — Petite danseuse (pastel).
1489. — Danseuse (pastel).
1490. — Dancing girl (pastel).

LE MAINS (G.). A. 11, rue du Calvaire, à Saint-Cloud (Seine-et-Oise).
1491. — La maison du notaire (aquarelle).

1492. — La petite cour (dessin rehaussé).

LEMAIRE (Mme M.), S. 31, rue de Monceau (VIIe).

1493. — Pêcheurs (aquarelle).
1494. — Roses (aquarelle).
1495. — Oranges (aquarelle).

LEMAITRE (C.). A. 7, avenue Mac-Mahon (XVIIe).

1496. — Fleurs. Soleils (pastel).
1497. — Fleurs. Pommier et chat (pastel).
1498. — Fleurs. Hortensia (pastel).

LEMOIGNE (Mlle M.). 12, rue de l'Abbaye (VIe).

1499. — Femme couchée.

LEMONNIER (R.). 15, boulevard Saint-Germain (Ve).

1500. — Sur la plage (Berck-sur-Mer) (paysage).
(2 pastels dans un même cadre).

LE PAN DE LIGNY (J.), A. 17, rue Raffet (XVIe).

1501. — Vieux châtaigniers. Chemin sous bois.
1502. — Jeune breton (étude).
1503. — Vieux châtaignier creux.
(Dessins rehaussés d'aquarelle.)

LE PETIT (A.-M.). 37, rue Lamarck (XVIIIe).

1504. — Petits rentiers (dessin).

LÉPINE (J.), A. 203, boulevard Raspail (XIVe).

1505. — Chaumière (Vendée) (pastel).

LEVY (A.), A. G. 16, rue de Seine (VIe).

1506. — Circoncision en Alsace (fusain).

LIGNIER (J.), A. 11, square de Messine (VIIIe).

1507. — Portrait de M. O. Y... (dessin).
1508. — Portrait de Mlle H... (dessin).

LOTTIN (F.), A. 104, rue de la Tour (XVIe).

1509. — Remparts.
1510. — Nocturne.
1511. — Port.
1512. — Table.

LOY (M.), 17, rue Campagne-Première (XIVe).

1513. — Etude de femmes.
1514. — Une femme assise.

LUIGINI (F.). A. 18, rue Ballu (IXe).

1515. — L'estacade.
1516. — Le calme sur le canal (Hollande).
1517. — Au coin du feu.
1518. — La Saint-Nicolas.

MAC-LAUGHLAN (D.-S.), A. G. 8, rue de la Grande-Chaumière (VIe).

1519. — Dessin à la mine de plomb.

MAC-RAE (M.). Cumberland Place, Regent Park, Londres W.

1520. — Vieille femme tricotant.

MANCEAU (P.-G.), A. 12, rue de Bellechasse (VIIe).

1521. — Tante Adèle.

MANGEANT (E.), S. D. A. P. 102 *bis*, avenue de Paris, à Versailles.

1522. — Etude de verger (crayon Raffaelli).

MANGIN (M.), A. 102, rue Erlanger (XVIe).

1523. — La leçon (pastel).
1524. — Repos du soir (pastel).

MARCETTE (A.), A. 193, rue de la Loi Bruxelles, et Digue, 23, Nieuport.

1525. — Après la pluie.
1526. — Coin de quai.
1527. — Retour de la pêche (clair de lune).

MARLEF (Mme C.). A. 5, rue de Rouvray, Parc de Neuilly-sur-Seine.

1528. — Rieuse (pastel).
1529. — Portrait (pastel).
1530. — Les pommes (pastel).

MARTIN (L.). 136, rue Legendre (XVIIe).

1531. — Le canal à Montargis.

MAYOR (F.). Chez MM. Chaine et Simonson, 19, rue Caumartin (IXe).

1532. — Un café à Villefranche.

MÉLOIZES (H. DES). 18, rue Jacques-Cœur, à Bourges.

1533. — Œillets (aquarelle).

MIGNON (L.), A. 51, rue du Cardinal-Lemoine (Ve).

1534. — Portrait de Mme M. de C...
1535. — Portrait des enfants de M. A. B...

MILCENDEAU (C.-E.-T.). S. 151 *bis*, rue de Grenelle, cité Négrier (VIIe), et au Bois-Durand, à Soullans (Vendée).

1536. — L'entrée en matière (pastel).
1537. — Maraîchinage (scène de mœurs locales des habitants du marais vendéen) (pastel).
1538. — Maraîchinage sous le parapluie (pastel).
1539. — Cadre de dessins.

1540. — Cadre de dessins.
1541. — Portrait de Mlle L. Clemenceau (dessin).

MILNER KITE (J.), 17, rue Campagne-Première (XIVe).
1542. — Femme en noir (pastel).

MIRANDE (H.), 73, rue Caulaincourt (XVIIIe).
1543. — L'amateur (aquarelle).

MOLLIET (Mme C.), *A.* 119, avenue de Clichy (XVIIe).
1544. — Le rouge-gorge (pastel).
1545. — La brodeuse (pastel).

MONCOURT (A. DE), *A.* 15, rue Duphot (Ier).
1546. — Mur d'église (carton).

MONOD (L.-H.), *A.* 2, rue Fortuny (XVIIe).
1547. — Nu de jeune fille.
1548. — Le réveil.
1549. — Le déshabillage.
1550. — Portrait de Miss T...

MORAND (A.), *A.* 66, rue Lemercier (XVIIe).
1551. — A Saint-Lazare (cadre contenant 8 dessins).
1552. — Au réfectoire (hospice de la Salpêtrière).

MORIDE (Mlle J.), 11 *bis*, rue de la Planche (VIIe).
1553. — Un cadre contenant 2 miniatures :
1. Portrait de Mlle de la P... ; — 2. Portrait d'enfant.

MORLET (H.-N.), *A.* 12, rue de la Légion-d'Honneur, à Saint-Denis (Seine).
1554. — Un dessin.
1555. — Un dessin. La rivière « Le Croult » sous la crypte de l'ancien Hôtel-Dieu (Musée) à Saint-Denis.

MUTERMILCHOWA (Mme M.), *A.* 65, boulevard Arago (XIIIe).
1556. — Essai d'un portrait.
1557. — Les enfants polonais.
1558. — Un rayon de soleil.

MYCHO (A.), *A.* 4, rue Fromentin (IXe).
1559. — Portrait de Mme F. P... (mine de plomb).

NIGGELER (A.). Chez Mme Beauvois, 18, rue d'Orléans, à Neuilly-sur-Seine.
1560. — Simone (portrait).

NOURSE (Mlle É.), *S.* 80, rue d'Assas (VIe).
1561. — Intérieur suisse, Champery (Valais) (aquarelle).
1562. — Les vieilles crémaillères (Suisse) (aquarelle).
1563. — Le foyer suisse à Metligny (aquarelle).
1564. — La fileuse de laine, Champery (aquarelle).
1565. — Dessin du tableau « Les jours heureux ».
1566. — Portrait de Mme de C. et sa fille (pastel).

ORTIGOSA (L. DE), 9, impasse du Maine, villa Rubens, avenue Rubens (XIVe).
1567. — Un cadre contenant 2 miniatures :
1. S. M. la reine Nathalie de Serbie ; — 2. S. M. le roi Alexandre de Serbie à l'âge de douze ans.

OSBERT (A.), *A.* 7, rue Alain-Chartier (XVe).
1568. — La source.
1569. — Le bain.
Cartons de peintures murales ayant 15 mètres de long sur 9 mètres de haut, exécutées en 1903 et en 1904 au hall du nouvel établissement thermal de Vichy.

OSTERLIND (Mlle A.), 21, boulevard du Château, Neuilly-sur-Seine.
1570. — Le bassin (Versailles).

OSTERLIND (O.), 21, boulevard du Château, Neuilly (Seine).
1571. — L'aurore.

OUILLON-CARRÈRE (R.), 22, rue de la Tour-d'Auvergne (IXe).
1572. — Portrait du maître d'armes Michel Filippi.

PAILLARD (H.), *S.* 13, rue Duperré (IXe).
1573. — Marseille (le soir) (pastel).
1574. — Marseille (le matin) (pastel).

PAILLET (F.), *A.* 6, boulevard de Clichy (XVIIIe).
1575. — Vitrine contenant 4 miniatures sur ivoire :
1. Printemps ; — 2. Contemplation ; — 3. Portrait de Mlle G. N. ; — 4. Portrait de Mlle S. D.
1576. — Portrait de Mme A. T... (pastel).

PARABÈRE (E.), *A.* 37, rue des Rigoles (XXe).
1577. — Études (dessins).
1578. — Dessin.

PELLETIER-ROBERT (E.-B.), 35, boulevard Rochechouart (IXe).
1579. — Bords de la Seine (Billancourt).

PERRICHON (J.-L.), *A.* 40, rue Dutot (xve).

1580. — Paysage (dessin rehaussé).

1581. — Cadre de dessin.

1582. — Dessin (sanguine).

PESKÉ (J.-M.). 12, rue Liancourt (xive).

1583. — Fillettes Catalanes (dessin original).

PEZEU (C.-J.-M.). 18, rue Vavin (vi^e^).

1584. — Modiste (dessin).

1585. — Petite main (aquarelle).

PINCHON (J.-P.), *A.* 6, rue Aumont-Thieville (xviie).

1586. — Panneau décoratif (pastel).

POINT (A.), *A.* Marlotte (Seine-et-Marne).

1587. — Portrait de Mme Victor Margueritte (pastel).

POMMIER (F.). 23, rue Leroy (Nantes).

1588. — La coulée à Saint-Marc (Loire-Inférieure) (dessin petit pastel ferme).

PRINS (P.), *A.* 35, rue Rousselet (viie).

1589. — Vieilles maisons à Orthez (pastel).

1590. — Le vallon. Soir. Gros Rouvre (pastel).

1591. — Cour de ferme. Soir, à Puys (pastel).

PRUNIER (G.), *S.* 24, rue Dombasle (xve).

1592. — La Sierra de Rosas.

1593. — Le Montarto d'Aran.

1594. — Crépuscule (bains de Tredos).

1595. — L'Estan Clotos.

1596. — Vallée de Sabourédo.

1597. — Nuit sur la montagne.

RAPPA (S.), 37, rue de Charonne (xie).

1598. — Cadre avec dix portraits (au crayon).

1599. — Cadre avec dix portraits et neuf croquis (au crayon).

RECKNAGEL (J.). Respice, Fouesnant (Finistère).

1600. — Portrait d'enfant.

1601. — Moisson en Bretagne.

1602. — Annette.

RHEM (Mlle V.). 3, rue du Regard (vi^e^).

1603. — Un cadre contenant deux miniatures :

1. Portrait de Mlle B...; — 2. Portrait.

REILLY (N.-P.). Moss Lane, Pinner (Angleterre).

1604. — Jessie.

RENAUDOT (P.). 1, rue Cassini (xive).

1605. — Etude de jeune fille (dessin).

RICHARD (T.-M.-J.), 35, rue Rousselet (viie).

1606. — A l'Académie, une débutante.

RIQUET (G.). 57, rue des Cordeliers, Amiens (Somme).

1607. — Lumen (pastel).

ROBINSON (A.). 10 et 12, rue de la Main-d'Or, Bruges (Belgique).

1608. — Cimetière anglais. Le Printemps. Devonier (pastel).

1609. — Hiver. Bruges (aquarelle).

ROGER (G.), *S.* 31, boulevard Berthier.

1610. — Petite fille (Hollande).

1611. — Paysanne hollandaise.

1612. — Dans la prairie (Hollande).

1613. — Le pont sur le canal (Hollande).

1614. — Bateaux sur le canal (Hollande).

1615. — Paysage (Hollande).

ROGIER (G.). 15, rue de Montigny, à Vernon (Eure).

1616. — Sur la route (aquarelle).

1617. — Maisons à Parmain (aquarelle).

ROLL (A.-P.), *F.* 41, rue Alphonse-de-Neuville (xviie).

1618. — Damnée.

1618 *bis.* — La poupée (suite des Damnées).

ROSSERT (Mme M.), *S.* 11, rue de Bagneux (vi^e^).

1619. — Une vitrine contenant quatre miniatures :

1. Portrait de Mme L. D... ; — Portrait de jeune fille; — 3. « Sur la terrasse » portrait d'enfant; — 4. Portrait de Mme R...

ROTH (Mme C.), *A.* 19, avenue Gourgaud (xviie).

1620. — Portrait de Mme R...

ROUX-CHAMPION (V.-J.). 17, rue Rousselet (viie).

1621. — Pont Marie (aquarelle).

1622. — Crépuscule, Bretagne (aquarelle).

ROY (D.). Quai Richebourg, à Nantes), et Galerie P. Lechevalier, 34, rue Taitbout, à Paris (ixe).

1623. — Onze vues de Sicile.

SALA (J.), A. 23, rue des Martyrs (IXe).

1624. — Jeune fille aux fleurs.
1625. — Bacchante.

SARLUIS (L.). 13, avenue Mac-Mahon (XVIIe).

1626. — Portrait de M. E. de L...

SCHEIDECKER (P.). 32, rue du Sentier (IIe).

1627. — Luxeuil. L'abbaye. Le cloître (aquarelle).
1628. — Carcassonne « La Cité » (aquarelle).

SCHNEGG (L.), S. 201, rue de Vaugirard (XVe).

1629. — Dessin.
1630. — Dessin.

SCHUTZENBERGER (R.). 2, rue Aumont-Thiéville (XVIIe).

1631. — La truite.

SCOTT (G.). 83, rue Denfert-Rochereau (XIVe).

1632. — Le colonel des cuirassiers de la Garde, 2e empire (aquarelle).
1633. — Chasseur à cheval de la Garde, 2e empire (aquarelle).
1634. — Gendarme d'élite 2e empire (aquarelle).

SÉGUIN-BERTAULT (P.). 68, rue d'Assas (VIe).

1635. — L'homme aux masques Luxembourg (pastel).
1636. — Etudes de fleurs (aquarelles).

SERVAL (M.). 3, rue Daumier (XVIe).

1637. — Bateaux dans le brouillard.

SIMON (Mme L.-J.), A. 147, boulevard Montparnasse (VIe).

1638. — La chambre de l'enfant Jésus.
1639. — Portraits de Charlotte et Lucienne.

SONNIER (L.), A. La Ferté-sous-Jouarre (Seine-et-Marne).

1640. — Campo de l'Oro (Corse).
1641. — Corgex (Corse).
1642. — En Normandie.

SOUILLET (G.-F.), A. 15, rue des Ursulines (Ve).

1643. — Les régates.
1644. — La pointe de la Cité.

SOUTHALL (J.-E.). 13, Charlotte road, Edgbaston, Birmingham (Angleterre).

1645. — Ariadne.

STENGELIN (A.), A. Chez MM. Chaine et Simonson, 19, rue Caumartin (IXe).

1646. — Fin d'automne (Hollande).
1647. — Soleil brumeux sur la mer du Nord.

STODDART (M.-O.). « Banque de la Nouvelle Gales du Sud », 64, Old Broad Street, Londres. E. C.

1648. — Les Narcisses.

SURÉDA (A.). 62, rue de Rome (VIIIe).

1649. — Pont en Flandre.
1650. — Intérieur à Honfleur.
1651. — Marchand de ferraille.
1652. — Charbonniers-déchargeurs.

THIÉRAT (Mlle M.), S. 29, quai des Grands-Augustins (VIe).

1653. — Un cadre contenant 3 miniatures :
1. Portrait de Mlle N. K...; — 2. Portrait de Mlle H. B...; — 3. Portrait de Mme G...

TUDOR-HART (P.). 44, rue Troyon, Sèvres (Seine-et-Oise).

1654. — Un cadre contenant six études de tête.

VAES (W.). A. 26, rue du Fagot, à Anvers.

1655. — Le petit miroir (pastel).
1656. — Le tailleur de pierres (aquarelle).
1657. — Portrait d'un poète flamand (pastel).

VALENTINO (Mlle A.), A. 112, boulevard Malesherbes (XVIIe).

1658. — Portrait de Mme Camille Duguet.
1659. — Portrait de Mlle Paule Bernard-Vérel.

VIDAL (E.-V.), S. 235, faubourg Saint-Honoré (VIIIe).

1660. — Jeune fille à la fenêtre.
1661. — Jeune femme serrant son corset.

VILLEDIEU (Mlle M.), A. 41, rue Madame (VIe).

1662. — Portrait de Mlle Yvonne R. du S...
1663. — Portrait de Mme de B...

VIVANTE (Mlle A.). 3, Rione-Sirignano, à Naples.

1664. — Etude.

WALLIS (H.-C.). School of Art, Clinton road, Redruth Cronwall (Angleterre).

1665. — Miss Ada Broock (miniature).

WATSON (Mlle M.-A.). 111, rue Notre-Dame-des-Champs (VIe).

1666. — Un cadre contenant 3 miniatures :

1. Hilda ; — 2. Portrait de Mlle B... ; — 3. Portrait d'un vieillard.

WEERTS (Mme G.-B.-W.). 60, rue Caumartin (IXe).

1667. — La veillée.

1668. — Roses (Gloire de Dijon).

WELY (J.). 117, rue de Notre-Dame-des-Champs (VIe).

1669. — Portrait de Mme V... (pastel).

WILKINSON (N.). 4, rue de la Grande-Chaumière (VIe).

1670. — La fin de l'automne.

WILLETTE (L.-A.), S. 37, rue Lacroix (XVIIe).

1671. — Dessin.

WINTER (T.). Reigali, Surrey (Angleterre).

1672. — « Home to the Fold ».

1673. — Le vent et l'humidité.

YOUNG (C.-M.). 56, rue Notre-Dame-des-Champs (VIe).

1674. — Matin d'hiver.

YOUNG (M.). 7, rue Belloni (XVe).

1675. — Vieille maison, Charenton (aquarelle).

SCULPTURE

AMÉEN DE SPARRE (M.). Sibyllegaton. 57, Stockholm (Suède).

1676. — Travail (bronze).

1677. — Le moment de repos (bronze).

1678. — La première sortie (bronze).

ANGST (C.-A.). 141, boulevard Saint-Michel (v°).

1679. — Tête d'homme (bois).

ARNOLD (H.). 14, rue Lacondamine (xvii°).

1680. — Portrait d'homme (étude pierre).

1681. — Portrait de Mlle M... (bas-relief bronze).

1682. — Deux médaillons étain sur une plaquette. Portrait de MM. R. L. et R. L.

ARONSO (N.), *A.* 93, rue de Vaugirard (vi°).

1683. — Fontaine (statue bronze).

1684. — Portrait de MM. Stucker (statuette bronze).

1685. — Portrait de Mme E. S. (buste plâtre).

BAFFIER (J.), *S.* 6 *bis*, rue Lebouis (xiv°).

1686. — Ensemble de pièces comprenant l'aménagement d'une table de salle à manger.

1687. — Vue d'ensemble de la table.

1688. — Vue de la muraille du fond.

1689. — Vue de la cheminée principale.

1690. — Vue d'ensemble des pièces.

Voir au Dessin.

BARTHOLOMÉ (A.), *S.* 1, rue Raffet (xvi°).

1691. — Adam et Eve.

Et alors ils s'aperçurent qu'ils étaient nus.

BEETZ (Mme E.). 117, rue Borghèse, à Neuilly (Seine).

1692. — Une statuette bronze (portrait en pied de Mme M. B...)

1693. — Résignation (plâtre) pierre tombale.

BEGUIAN (S.). 107, boulevard Soult, à Paris.

1694. — Masque de bébé (en plâtre).

BERTHOUD (P.-F.). Chez M. Barthelemy 32, rue Laffitte (ix°).

1695. — Mme *** (buste plâtre à remplacer par la cire).

BIAGGI (A.). 170, rue Vercingetorix (xiv°).

1696. — Portrait de M. B... (buste en plâtre).

BOBERG (S.). 2, passage de Dantzig (xv°).

1697. — Statuette (portrait bronze).

1698. — Statuette (portrait bronze).

BONCQUET (H.). 72, rue de Hennin, à Bruxelles.

1699. — Statuette de femme (bronze).

BOSSELT (R.). Dusseldorf-Kunstgewerbe-Schule, Burgplatz.

1700. — Cadre contenant 15 médailles et plaquettes.

1701. — Cadre contenant 8 médailles et plaquettes.

1702. — Cadre contenant 11 médailles et plaquettes).

BOURDELLE (E.), *S.* 16, impasse du Maine (xv°), et à Bellevue (Seine-et-Oise), 37 *bis*, route des Gardes.

1703. — Pallas Athénée (marbre).

1704. — Pallas Athénée (bronze).

BROWN (J.-L.). 26, rue Bréda (ix°).

1705. — Cavalier Louis XV (cire).

1706. — Cheval de panneau (cire).

BRUCE (K.). 22, rue Delambre (xiv°).

1707. — Buste de Millicent George.

1708. — Portrait de Rembrandt Bugatti (statuette).

BUCHS (J.). 2, passage Dantzig (XVe).

1709. — Buste et portrait d'enfant de M. H. R...

BUGATTI (R.), *A*. 8, rue Royale (VIIIe).

1710. — « Dix minutes de repos » (cire préparée pour la fonte).

1711. — Portrait de M. G. R... (plâtre).

1712. — Une bonne branche (bronze et cire perdue).

1713. — Éléphant et chameau.

CARRIÈRE (J.-R.). 15, rue Hégésippe-Moreau (XVIIIe).

1714. — Un buste de femme (plâtre).

CAVAILLON (E.). 3, rue de Bretonvilliers (IVe).

1715. — Dehors (groupe bronze).

1716. — Étude de nu (statuette bronze).

1717. — Jardiniers (bas-relief plâtre).

1718. — Ménagère (statuette plâtre).

CAZIN (Mme M.), *S*. 6, rue du Regard (VIe).

1719. — « La nature » (projet de monument à J. Ch. Cazin).

CAZIN (J.-M.-M.). *S. graveur en médailles.* 24, rue Cortambert (XVIe).

1720. — Cadre contenant des médailles, la journée faite (plaquette revers) et portrait de Mlle Constance Collier.

1721. — Rêverie (masque bronze argenté).

1722. — Jeune garçon (buste bronze).

1723. — Résignation (masque bronze).

CHALAMBERT (A. DE). 262, boulevard St-Germain (VIIe).

1724. — La guerre (bronze à cire perdue).

CHARLIER (G.). 35, avenue de Cortenberg, à Bruxelles.

1725. — Résignation (plâtre).

1726. — Pêcheur (buste, plâtre).

1727. — Le peintre Stobbaert (plâtre).

CHARMOY (J. DE). Villa Rubens, 9, impasse du Maine (XIVe).

1728. — Buste de Renan en pierre d'Enville (Lorraine).

CHARPENTIER (A.), *S*. 43 *bis*, rue Boileau.

1729. — La famille heureuse (bas-relief plâtre).

1730. — La pierre (deux plaquettes bronze).

a) *la taille;* — b) *le bardage.*

CHASTENET (A. DE). 116, rue de Vaugirard (VIe).

1731. — Portrait de M. J. L... (buste).

CLÉMENT-CARPEAUX (Mme). 39, boulevard Exelmans (XVIe).

1732. — Maternité (bronze).

CLERMONT-TONNERRE (Marquise de E.-G.). 3, rue du Général-Appert (XVIe).

1733. — Tête de jeune fille.

1734. — Tête d'enfant.

CLOSTRE (F.). 6, rue Murillo.

1735. — Faucheur (statuette bronze).

1736. — Fille de ferme (statuette bronze).

1737. — Faucheur au travail (statuette bronze).

1738. — Fondeurs de bronze (plâtre).

DAMPT (J.), *S*. 17, rue Campagne-Première (XIVe).

1739. — Perceval (buste, pierre dure).

DANIELLI (J.-M.). 48, rue Ducouédic (XIVe).

1740. — Danse de Myrina (terre cuite patinée).

DESBOIS (J.), S. 99, boulevard Murat (XVIe).

1741. — Femme à l'arc (statue marbre).

DESPIAU (C.-A.), *S*, 94, boulevard des Batignolles (XVIIe).

1742. — Femme assise.

1743. — Une Landaise.

1744. — Enfants.

DEVILLEZ (L.-H.), *S*. 39, avenue de Saxe (VIIe).

1745. — Buste, portrait de Mlle D... C...

DUFRESNE (C.-G.), *A*. 25, quai d'Anjou (IVe).

1746. — Portrait de mes cousines Yvonne et Germaine (bronze).

DUROUSSEAU (P.). 4, rue Rollin (V^e).

1747. — Un cadre contenant 12 plaquettes.

1748. — Un cadre contenant 5 plaquettes et médailles et 16 plaquettes bronze : les ombres de la rue (croquis).

ESCOULA (J.). S. 195, rue de Vaugirard (xve).

1749. — Amour pastoral (groupe plâtre).

Suis-moi, sous ces ormeaux, viens, de grâce, écouter
Les sons harmonieux que ma flûte respire :
J'ai fait pour toi des vers, je te les veux chanter
Déjà tout le vallon aime à les répéter.

Bucoliques : André Chénier.

1750. — Portrait de M. É. V... (buste plâtre).

1751. — Souvenir (tête marbre).

Voir aux objets d'art.

ESCOULA-MAROT. 195, rue de Vaugirard (xve).

1752. — Tailleur de pierre (statuette).

EUSTACHE (S.). 18, rue Daunou (IIe).

1753. — Une buse (cire).

FAGEL (L.). S. 44, rue de Bruxelles (IXe).

1754. — La couture (statuette en pierre).

FALLER (C.). A. 3, rue Vercingétorix (XIVe).

1755. — La misère (groupe).

1756. — Forgeron.

FELES (E.). Budapest, VI, 8, Lendvay. u.

1757. — « Statuette » (bronze).

1758. — Buste (pierre).

FIX-MASSEAU. S. 30, rue de Bruxelles (IXe).

1759. — « Blanche » (grès Bigot).

1760. — « Femme s'essuyant » (bronze, cire perdue).

1761. — « L'éducation du Faune » bronze, cire perdue).

1762. — « Bilitis « (bronze, cire perdue).

1763. — Portrait de A. Delaherche (gres A. Delaherche).

1764. — Étude (bronze).

FLODIN (H.). 107, avenue du Maine (XIVe).

1765. — Consolation (groupe plâtre).

FRIBERT (C.). 27, avenue du Maine (XVe).

1766. — Portrait d'une dame blonde (buste plâtre).

FRICK (F.). 9, rue Campagne-Première (XIVe).

1767. — Fille et chat jouant (statuette plâtre).

1768. — Deux amoureux (groupe bronze, cire perdue).

1769. — Une vitrine contenant :
1° Froid ; — 2° Louise.

FROMENT-MEURICE (J.). A. 38, rue Boileau. 15, hameau Boileau (XVIe).

1770. — « Le duc d'Aumale montant sa ponette Pélagie », souvenir de Chantilly (statuette équestre, plâtre patiné).

1771. — « Le retour du marché de Bayonne », impression du pays basque (groupe plâtre patiné).

1772. — « Bouvillons et marchands de bœufs à la foire de Bidacke », impression du pays basque (haut relief bronze).

1773. — « La courbette » fait partie de la série « les gestes des ânes », socle de Ch. Hairon (bronze, cire perdue).

FRUMERIE (A. DE). A. 66, rue de Rome (VIIIe).

1774. — « Le grain de sel » (groupe plâtre).

GALLET (L.). A. 27, faubourg Saint-Jacques (XIVe).

1775. — Figure tombale (marche).

GANESCO (C.). 41, rue Bayen (XVIIe).

Les angoisses de la vie (fragments) :

1776. — L'avare, le malade imaginaire et paysan aux aguets (cire).

1777. — Rosine, Don Bartholo et Bazile (cire).

GIESSENDORFF (M. DE). 216, boulevard Raspail (XIVe).

1778. — La vague (plâtre).

GILLET (Mlle L.). 11, rue Montmorency, à Boulogne-sur-Seine.

1779. — Un buste de jeune fille avec bras et mains (plâtre).

GLICENSTEIN (H.). Lungo Tevere der Mellini. 44. Rome.

1780. — Buste d'homme (plâtre).

GRAS (J.-P.). 36, rue des Artistes (XIVe).

1781. — Buste de A. Injalbert (plâtre).

1782. — Buste de J. Lafon (plâtre).

1783. — Tête de jeune garçon (plâtre).

GYLLENHAMMAR (G. DE). 2, passage de Dantzig (XVe).

1784. — La danse (plâtre).

1785. — Le petit trottin (esquisse en terre cuite patinée).

HALOU (A.-J.), *S.* 15, rue Jacquemont (XVIIe).

1786. — Mlle Alexandrine (vieille Beauceronne) (buste, plâtre).

1787. — Buste de jeune garçon (plâtre).

1788. — Tête de vieux philosophe (plâtre).

1789. — Étude d'homme (plâtre).

HIERHOLTZ (G.). 27, rue de Buffon (Ve).

1790. — Les bœufs (plâtre).

INJALBERT (J.-A.), *S.* 57, boulevard Arago (XIIIe).

1791. — Un vase avec jeu de mascarons, nymphes et satyre (marbre).

1792. — Un buste (plâtre).

1793. — Jeune faune ivre (bronze, cire perdue).

JELMONI (C.). 9, rue de Cormeilles, Levallois-Perret.

1794. — Étude de femme (plâtre).

JOUVE (P.-P.) 15, rue Boissonade (XIVe).

1795. — Loup (bronze).

1796. — Cheval de halage (bronze).

JOUVRAY (M.). *A.* 47, rue Blomet (XVe).

1797. — « La Martinique », en souvenir des victimes de la catastrophe du 8 mai 1902 (statue, pierre).

1798. — « Poète » (statuette, marbre).

JUNGBLUTH (A.-L.). 62, boulevard de Clichy (XVIIIe).

1799. — Silhouette de Parisienne.

KAFKA (B.). 81, rue Dareau (XIVe).

1800. — Le réveil (plâtre).

1801. — Femme accroupie.

KAUTSCH (H.). *A.* 5, rue d'Armaillé (XVIIe).

1802. — Cadre contenant 14 plaquettes et médailles.

LAFAURIE (Mme M.-A.). 4, avenue Daubigny (XVIIe).

1803. — Consentement (plâtre patiné).

1804. — Léon Barthou (statuette) (plâtre patiné).

LAGARE (E.). 9, rue Dugay-Trouin (VIe).

1805. — Motif décoratif.

1806. — Tête de jeune fille (étude).

1807. — Tête de jeune fille.

LAMOURDEDIEU (R.). 49, rue Dupleix (XVe).

1808. — L'esclave de la vie (statue plâtre).

1809. — Portrait d'un Napolitain (buste plâtre).

LANGE (M.). Leipzig et Galerie Hébrard, 8, rue Royale, Paris.

1810. — Demi-statue de Prf. Nikisch.

LARSSON (G.). 23, rue Falguière (XVe).

1811. — Le baiser (groupe plâtre).

LEFÈVRE (C.), *S.* 55, rue du Cherche-Midi (VIe)

1812. — Portrait de Mme Jacques-Marie (buste marbre).

LENOIR (A.-A.-A.). 38, rue Boileau (XVIe).

1813. — Le père des pauvres (groupe plâtre).

LÉONARD (A.), *S.* 77, rue Denfert-Rochereau (XIVe).

1814. — Le vieux roulier (buste bronze).

1815. — Le vœu (statuette bronze).

1816. — L'Amour frileux (buste marbre).

1817. — La sortie des vêpres (buste marbre).

1818. — Fleurs des champs (buste marbre).

1819. — Le pilleur d'épaves (buste plâtre destiné à être sculpté en pierre noire ou bronze).

LERCHE (H.-S.). *A. A. D. S.* 65, via Leccosa, à Rome.

1820. — Mandoliniste (statuette bronze).

1821. — Somnambule (statuette bronze).

LEVY (A.). *A. G.* 16, rue de Seine (VIe).

1822. — Le grand-prêtre (terre cuite patinée).

LIPKINE (Mme M.). 7, rue Belloni (XVe).

1823. — Étude (buste plâtre patiné).

LŒHR (F.). 55, rue du Cherche-Midi (VIe).

1824. — Un cadre contenant 3 plaquettes :

1. Portrait de M. G... : — 2. Portrait d'enfant ; — 3. Portrait de M. Gr...

LOUIS-PAUL (A.-A.). 5, rue de l'Hospice-Saint-Joseph.

1825. — Bacchus ivre.

1826. — Les mois d'hiver (fragment), étude pour un groupe de 12 figures.

LOVATELLI (F.). 57, rue Cortambert (XVIe), et Palais Lovatelli, à Rome.

1827. — Maquette d'une fontaine (plâtre).

MAHON (A.). 28, rue Madame (VIe).

1828. — Jument irlandaise.

MARCEL-JACQUES (A.), *A.* 22, rue Dareau (XIVe).

1829. — Buste de M. Bertin, membre de l'Institut (plâtre).
1830. — Buste de Mme Carrioso (marbre).
1831. — Tristesse et deuil, les mauvais jours (statuette plâtre).
1832. — Rêverie du soir (femme nue) (statuette plâtre).

MARCLAY (H.-A.). 13, rue Méchain (XIVe).

1833. — Cheval fatigué.

MAYER (L.). 30, rue de Berlaimont, à Bruxelles, et 44, rue Cardinet, à Paris (XVIIe).

1834. — Tête d'homme.

MEISEL (J.). 2, passage de Dantzig (XVe).

1835. — Portrait marbre.

MÉLIN (P.), *A.* 30, avenue Malakoff (XVIe).

1836. — Portait marbre.

MEUNIER (C.), *S. D.* 59, rue de l'Abbaye, à Bruxelles.

1837. — Mineur (bronze).
1838. — Philosophie (buste bronze).

MICHEL-MALHERBE (E.-J.), *S.* Lunéville, et 14, rue d'Uzès, chez M. Ferry.

1839. — Sapho (statue marbre).

MILLÈS (C.), *A.* 9, rue Falguière.

1840. — Portrait de M. G. Lalanne, délégué de l'Association Taylor (statuette bronze).

MILLÈS (R.-A.-M.). 48 *bis*, Malmskilnadsgatan, Stockholm (Suède).

1841. — Le retour de l'église (plâtre).
1842. — Enfant aux fleurs (plâtre).
1843. — La femme du pêcheur (statuette bronze).

MONARD (L. DE). 3, rue Dutot, Paris (XVe).

1844. — Étalon boulonnais (bronze cire perdue).
1845. — Pur sang au pas (bronze cire perdue).

MULOT (A.), *S.* 21, boulevard d'Inkermann, à Neuilly-sur-Seine.

1846. — « L'Enfant à la source » (marbre).
1847. — « L'enfant à la source » (statuette bronze cire perdue).
1848. — Portrait de M. l'avocat général P. P*** (statuette bronze).
1849. — Midinette (statuette bronze).

NIÉDERHAUSERN-RODO (DE), *S.* 36, rue Dutot (XVe).

1850. — Les muses (groupe plâtre).
1851. — Nocturne (marbre).

NOCQUET (P.-A.), *A.* 55, East, 59th. Street, New York (U. S. A.).

1852. — Maudit (plâtre patiné).
1853. — L'effort (plâtre patiné).

NORDIN (H.). Villa Gabriel, 9, rue Falguière (XVe).

1854. — Portrait d'un peintre suédois.

O'CONNOR (A.). 84, boulev. Garibaldi (XVe).

1855. — Buste marbre.

OPPLER (A.), *A.* 15, boulevard Berthier.

1856. — Buste d'homme (marbre).
1857. — Buste de jeune fille (marbre).

PAULIN (P.), *A.* 159, rue de Sèvres (XVe).

1858. — Portrait de M. A. L... (bronze, cire perdue).
1859. — A la fontaine (étude de nu), statuette plâtre.
1860. — Portrait de M. D... (bronze, cire perdue).

PERELMAGNE (W.). 35, rue de la Tombe-Issoire (XIVe).

1861. — Consolation (bronze, cire perdue).

PERKINS (Mlle L.). 17, rue Boissonade (XIVe).

1862. — Mélancolie (petit bronze).
1863. — Femme au serpent (petit bronze).

PERRAT (E.-M.). 8, rue des Artistes (XIVe).

1864. — Chien, bronze (fonte de l'auteur).
1865. — Chat, bronze (fonte de l'auteur).

PETER (H.). 3, rue Vercingétorix (XIVe).

1866. — La source.

PINCHON (E.), *A.* A Noyon (Oise).

1867. — Girouette (portrait bronze).
1868. — A la forge (étalon ardennais belge), plâtre.

PRICE (H.). Glencoe Road, Bushey (Herts) Angleterre.

1869. — Un masque (bronze).

PRIEUR HOPKINS (I.). 7, rue Léopold-Robert (XIVe).

1870. — Portrait buste (plâtre).

PRINS (P.), *A. P.* 35, rue Rousselet (VIIe).

1871. — Souvenir (bas-relief, plâtre teinté).

QUINQUAUD (Mme T.). 6, rue des Écoles, Arcueil.

1872. — Projet de fontaine « J'y suis, j'y reste » (plâtre).

RAPHAEL (Mme F.). 51, avenue Henri-Martin (XVIe).

1873. — Zete (buste, marbre).

RAPP (R.-G.). Calle del Sol, 13, rue Villariciosa (Asturies), Espagne.

1874. — Vieille dévote (plâtre).

RINGEL DILLZACH (J.), *S.* 61, boulevard Suchet (XVIe).

1875. — Cadre contenant 4 médaillons (plâtre).

ROCHE (P.), *S.* 25, rue Vaneau (VIIe).

1876. — Stèle funéraire « A Henri Fouquier » (pierre, marbre et plomb).

1877. — « La Délivrance » ensemble allégorique. 1 buste et 7 bas-reliefs (plâtre).

RODIN (A.), *F.* 182, rue de l'Université (VIIe).

1878. — Une figure (plâtre).

1879. — Buste de M. Guillaume.

ROHL-SMITH (C.-V.), *D.* Washington (U. S. A.).

1880. — Le général Sherman devant le feu du camp (bas-relief en bronze). Soldat d'infanterie et soldat du génie (statues, bronze).

1881. — Général Grenville M. Dodge (buste en plâtre).

1882. — « Mato Wanartaka », chef des Sioux (buste, bronze).

ROMBAUX (E.), *S.* 14, rue Fraikin, à Bruxelles.

1883. — « Filles de Satan » (un groupe en plâtre).

ROOSEN (H.). 83, boulevard Montparnasse.

1884. — Abattement (statue marbre).

ROQUES (F.-J.-A.), *A.* 46, rue Vavin (VIe).

1885. — Buste d'enfant (bronze).

1886. — La femme qui bâille (statue plâtre).

1887. — Un cadre de médailles :

1. Femme qui se peigne (plaquette bronze); — 2. Femme au tub (plaquette argent doré); — 3. Femme couchée (plaquette argent); — 4. Femme qui boit (médaille bronze); — 4. Lo Mionnello (médaille argent) et 10 portraits (argent et bronze).

SAINTE (P.). 16, impasse du Maine.

1888. — Portrait de Mme R. L...

1889. — Portrait de Mlle M. V...

SCHNEGG (G.), *S.* 40, rue Dutot (XVe).

1890. — La dîme (groupe bronze).

SCHNEGG (L.), *S.* 201, rue de Vaugirard (XVe).

1891. — Statuette femme (plâtre).

1892. — Buste d'enfant (marbre).

1893. — Buste d'enfant (marbre).

1894. — Tête d'homme (plâtre).

1895. — La jeune Heaulmière (bronze).

Voir au dessin.

SÉRAPHIN (A.-C.). 180, rue de Charonne.

1896. — Étude pour « Lutins mutins » (cire perdue).

SERRUYS (Y.). 3 *bis*, rue de Bagneux.

1897. — La femme à l'éponge (bronze).

SILBERER (R.). 11, rue Chateaubriand (VIIIe).

1898. — Le cri (plâtre).

1899. — Lamentations (plâtre).

SPICER-SIMSON (T.), *A.* 3, rue Campagne-Première (XIVe).

1900. — M. Henri Monod (buste marbre).

1901. — M. F. Schmidt (buste marbre).

1902. — « Le bel âge » (buste marbre).

1903. — Six médaillons bronze :

Portrait du général H. Porter; — Princesse A. Meshersky; — Mlles P. King et P. Spicer-Simson; — Mmes S. S... et M. G. Watts. R. A.

STECCHI (F.). Nice (Alpes-Maritimes).

1904. — Buste de M. Hardy Polday (plâtre).

TEMPORAL (M.). 51, rue du Chemin-de-fer, Villemomble (Seine).

1905. — Résignés (plâtre).

TOISON (P.-L.), *A.* 44, rue Poussin (XVIe).

1906. — L'âme du vin (figure plâtre).

1907. — Nocturne (buste cire).

TOMBAY (E.-A. DE). 8, rue Hégésippe-Moreau (XVIIIe).

1908. — L'aveugle (buste plâtre patiné).

TOUSSAINT (G.), A. 16, impasse du Maine (XVe).

1909. — Recueillement, tête de femme (marbre).

1910. — L'éternel sommeil (plâtre).

VALLETTE (H.), 18, boulev. Arago (XIVe).

1911. — Chat (marbre jaune de Sienne).

VALLGREN (V.), *S. O. A. S.* 233 *bis*, Faubourg-Saint-Honoré (Ier).

1912. — Buste plâtre.

VERNHES (H.-E.), S. 125, boulevard Exelmans (XVIe).

1913. — Du sommet à l'abîme, second versant de la vie (statue marbre appartient à l'Etat).

1914. — Les phases de l'amour (groupe cire dure). } sous une vitrine.

1915. — Sur le chemin (statuette cire). } sous une vitrine.

1916. — Médaillon cire (portraits). } sous une vitrine.

1917. — La nuit (figurine cire). } sous une vitrine.

VOULOT (F.), S. 14, rue Boissonade.

1918. — Le pardon (groupe plâtre).

1919. — Buste de Mme D. Z... (marbre).

1920. — Le baiser (2 têtes en marbre).

1921. — Coquetterie (statuette plâtre).

1922. — Les deux sœurs (statuettes plâtre).

WALLER (E.), 77, rue Denfert-Rochereau (XIVe).

1923. — Portrait du peintre suédois Arosenius (statuette plâtre).

WILD (E.), 4, rue de l'Ecole-de-Médecine (VIe).

1924. — Portrait d'homme (en plâtre patiné).

WITTIG (E.), 62, rue Bargue (XVe).

1925. — Vieillard (buste plâtre).

1926. — Le sphinx (statuette bronze).

WITTMANN (E.), A. 11, rue Boissonade (XIVe).

1927. — Bûcheron liant un fagot (bronze).

1928. — Vieille femme (bronze).

1929. — Chiffonnier (bronze).

1930. — Le repos (bronze).

YAN-MERIADEC, 4, rue Nouvelle-du-Théâtre (XVe).

1931. — Singe macaque (plâtre).

YOUNG (M.), 7, rue Belloni (XVe).

1932. — Forgeron (bronze).

1933. — Débardeur (plâtre).

YRURTIA (R.), 22, boulevard Pasteur (XVe).

1934. — Monument au Dr Alejando Castro.

1935. — « Sage » (tête en marbre).

MONUMENTS PUBLICS ET PRIVÉS

LENOIR (A), S. 38, rue Boileau (XVIe).

1936. — Monument de César Franck inauguré le 22 octobre 1904, square Sainte-Clotilde à Paris.

GRAVURE

BARTHOLOMÉ (L.). *A.* 151, avenue de Tervueren, Bruxelles.

1937. — Soir à Bruges, eau-forte en couleurs (d'après Victor Gilsoul).

BEJOT (E.), *S.* 12, boulevard Saint-Michel (V^e^).

1938. — Le quai de Javel.

1939. — Le palais d'Orsay.

1940. — Trois eaux-fortes pour un livre.

1941. — Deux eaux-fortes pour un livre.

BELTRAND (C.). 69, boulevard Pasteur (XVe).

1942. — Les « suivez-moi jeune homme » d'après Constantin Guys (lithographie).

1943. — Le « bon bock », d'après Manet (gravure sur bois).

BELTRAND (J.), *A.* 69, boulevard Pasteur (XVe).

1944. — Deux cadres de bois en couleurs pour « la légende dorée des grands hommes » Homère, Virgile, Socrate, Platon, Le Christ, Beethoven, Michel-Ange, Bach, Rabelais, Marc-Aurèle, J.-J. Rousseau.

1945. — Pythagore, Eschyle, Épicure, Pascal, Baudelaire, Dante, Shakespeare. (Épreuves imprimées à l'eau).

1946. — Pages tirées du livre « Petits métiers des rues de Paris. »

1947. — Danseuse, d'après Constantin Guys (bois en couleurs. Épreuve d'état).

BERTON (A.), *S.* 9, rue de Bagneux (VIe).

1948. — Une gravure
1949. — Une gravure
1950. — Une gravure
1951. — Une gravure
(eaux-fortes originales).

BEURDELEY (J.-P.), *A.* 111, rue de Courcelles (XVIIe).

1952. — Grues sur la Tamise (eau-forte).

1953. — Casa di Canello à Venise (eau-forte).

1954. — Petit canal à Venise (eau-forte).

BINET (R.-J.). 33, rue Bonaparte (VIe).

1955. — « Roue de la Fortune » (coquillage).

BOIZOT (E.), *A.* 10, rue Chanoinesse (IVe).

1956. — Naïade d'après Henner (gravure sur bois).

CHABANIAN (A.). 30, avenue Malakoff (XVIe).

1957. — Les pêcheurs.

1958. — Venise.

CHAHINE (E.). *S.* 100, rue d'Amsterdam (IXe).

1959. — Lily.

1960. — Portrait de Mlle L. B...

1961. — Double prise de tête.

1962. — Promenade nocturne.

1963. — Tombereau.

1964. — Illustration de l'histoire comique d'Anatole France.

CLOT (A.). 21, rue du Cherche-Midi (VIe).

1965. — Lithographie en couleurs d'après un dessin de A. Rodin.

1966. — Jardin des supplices (lithographie en couleurs d'après un dessin de A. Rodin).

1967. — Jardin des supplices (lithographie en couleurs d'après un dessin de A. Rodin).

1968. — Lithographie au lavis en couleurs, d'après un dessin de A. Rodin.

COLIN (P.), A. 48, boulevard de la République, à Noisy-le-Sec (Seine).

1969. — Le parc aux moutons.

1970. — La Reuss (pêcheurs de truites).

1971. — Le port d'Antibes.

COTTET (C.), S. 10, rue Cassini (xive).

1972. — Barques dans le port (soleil couchant) (eau-forte).

1973. — Barques dans le port (effet de lune) (eau-forte).

1974. — Pêcheurs fuyant l'orage (eau-forte).

1975. — Barques dans le port (eau-forte).

DAUCHEZ (A.), S. 13, rue Saint-Guillaume (viie).

1976. — Croquis de paysage à l'eau-forte.

1977. — Croquis de paysage à l'eau-forte.

1978. — Croquis de paysage à l'eau-forte.

1979. — Croquis de paysage à l'eau-forte.

1980. — Croquis de paysage à l'eau-forte.

1981. — Croquis de paysage à l'eau-forte.

DECISY (E.), S. 2, rue de Steinkerque (xviiie).

1982. — Le pain bénit (dessin d'après le tableau de Dagnan-Bouveret pour l'exécution d'une gravure pour le compte de l'État).

1983. — Un livre « Les Princesses » (eau-forte d'après les aquarelles de Rochegrosse).

DELATRE (E.), 87, rue Lepic (xviiie).

1984. — Rozoy-en-Brie, le pont et l'église.

1985. — Rozoy-en-Brie, la plaine (village de Nesles).

DULUARD (L.), 13, rue d'Aumale (ixe).

1986. — L'ambassadeur espagnol (eau-forte originale à M. H. Graves).

1987. — Le fumeur (eau-forte originale à M. H. Graves).

DUMAS (H.), A. 6, rue Aumont-Thiéville (xviie).

1988. — Trois lithographies originales :
Pierné ; — Un vieil abonné ; — Pugno.

1989. — Trois lithographies originales :
On répète la *Damnation ;* — Vision dans la coulisse ; — Colonne conduit.

1990. — Deux lithographies originales :
Georges Hüe ; — Paderewski.

DUTEZYUSKA (I. DE), 9, rue Campagne-Première (xive).

1991. — Gravures sur bois :
Portrait (tiré à la main) ; — Mystère de Pâques (tiré à la main) ; — La source (tiré à la main) ; — L'eau profonde (tiré à la main) ; — Ex-libris (tiré à la main) ; — Portrait (tiré à la main) ; — Paysage (tiré à la main).

1992. — Gravures sur bois :
Portrait (tiré à la main) ; — Chanson (tiré à la main) ; — Deux enfants (tiré à la main) ; — Le chapeau rouge (tiré à la main) ; — Grenouilles (tiré à la main) ; — Chanson (tiré à la main) ; — Ma mère (tiré à la main).

EAST (A.), 2, Spencer Street, Victoria Street, Londres S. W.

1993. — A Storm in the Costwolds.

1994. — Moonlight.

1995. — Evening Clow.

FRIANT (E.), S. 11, boulev. de Clichy (ixe).

1996. — Le beau livre (gravure pointe sèche).

GALTON (Mlle A.), Chunam of Wan Road, upper Norwood Londres S. E.

1997. — La vieille baraque du père Narbonne (Bornes, Var) (eau-forte).

1998. — Ruelle de Bornes (Var) (eau-forte).

GAUTIER (Mme M.), S. 6, Villa de la Réunion (xvi)^e^.

1999. — Souris (eau-forte) épreuve unique.

2000. — Soleil couchant (eau-forte en couleurs).

2001. — Croquis enfants.

2002. — Autres croquis d'enfants.

GERMAIN (J.), A. 100, rue d'Alesia (xive).

2003. — Marché dans une ville de Normandie (bois en couleurs d'après Decamps).

GREUX (G.), S. 29, rue de Chanzy, Asnières (Seine).

2004. — Le parlement de Londres d'après Claude Monet, soleil couchant (Gazette des Beaux-Arts) (eau-forte).

2005. — Le parc de Saint-Cloud d'après Monticelli (Gazette des Beaux-Arts).

2006. — Lande d'après Th. Rousseau.

2007. — L'Auvergne (eau-forte d'après nature).

GUSMAN (P.), A. 22, boulevard Edgar-Quinet (XIVe).

2008. — Les noces d'Alexandre et de Roxane, d'après le Sodoma. Dessin fait en vue de la gravure.

2009. — Essai de burin libre (gravure originale).

2010. — La liseuse, d'après Metsu (gravure sur bois).

HALPERT (S.), 83, place Saint-Jacques (XIVe).

2011. — Portrait (pointe sèche).

JACQUIN (G.-A.), 25, rue Bertrom (VIe).

2012. — A Fontarabie.

JEANNIOT (P.-G.), S. 171, avenue Victor-Hugo (XVIe).

2013. — Le Polo.

2014. — Lecture.

2015. — Le bouleau.

2016. — L'ouragan.

2017. — Couverture des « liaisons dangereuses ».

JOUAS (C.), 3 *bis*, Cour de Rohan (VIe).

2018. — Suite d'eaux-fortes originales pour l'illustration de l'ouvrage « Le quartier Notre-Dame » de Huysmans.

2019. — Suite d'eaux-fortes originales pour l'illustration de l'ouvrage « Le quartier Notre-Dame » de Huysmans.

JOYAU (A.), A. 6, rue Edouard-Detaille (XVIIe).

2020. — Le soir, dundees et sardiniers.

2021. — Sables-d'Olonne. Les acheteurs de sardines.

2022. — L'avant-poste des Sables-d'Olonne.

2023. — Marée basse. Côte de Roscoff.

(Estampes sur bois en couleurs.)

KŒPPING (K.), S. Rankestrasse, 34, Berlin W.

2024. — Femme nue agenouillée (eau-forte).

2025. — Tobie et sa femme (eau-forte), d'après Rembrandt.

2026. — Suzanne au bain et les vieux (eau-forte), d'après Rembrandt.

LABOUREUR (J-E.), 269, Shady, avenue Pittsburg, Penna (U. S. A.) et 36, rue de la Hautière, à Nantes.

2027. — Les rois mages (gravure sur bois).

2028. — Le jardin public (bois au canif).

LEFORT DES YLOUSES (H.-A.), A. 13, avenue de Madrid, Neuilly-sur-Seine.

2029. — Portrait du peintre Pascal Lehoux (eau-forte).

2030. — Saint-Christophe (eau-forte).

2031. — La charmeuse (eau-forte tirée sur celluloïd).

2032. — Jeanne d'Arc en prière (dessin relevé de gouache en vue d'une gravure).

LEGRAND (L.), S. 51, rue Le Peletier.

2033. — Le Parisien (eau-forte en couleurs).

2034. — Le curé de campagne (pointe sèche).

2035. — Un coin de Paris (eau-forte).

2036. — Une gosseline (pointe sèche).

2037. — Petite fille à la raquette (eau-forte).

2038. — Petite fille couchée (eau-forte).

LETOULA (J.), A. 97, boulevard Saint-Germain (VIe).

2039. — La grand'mère (lithographie).

LEVY (A.), A. 16, rue de Seine (VIe).

2040. — Contrition (lithographie, composition originale).

2041. — L'homme qui éternue (lithographie, composition originale).

MAC LAUGHLAN (D.), A. 8, rue de la Grande-Chaumière (VIe).

2042. — Pavie (Italie), eau-forte.

2043. — Meloncello (Italie), eau-forte.

2044. — Ponte Ticino (Italie), eau-forte.

2045. — Bologne (Italie), eau-forte.

MARGUERITT, 12, avenue Mac-Mahon (XVIIe).

2046. — Fruits décoratifs (études).

2047. — Fruits décoratifs (mandarines).

2048. — Fruits décoratifs (mandarines).

MICHL (F.), 18, boulevard Edgar-Quinet (XIVe).

2049. — Théâtre Marigny.

2050. — Une loge.

MINARTZ (T.), *A. P.* 37, rue Fontaine (IXe).

2051. — La promenade matinale.

2052. — La jolie visiteuse.

MORDANT (D.), *S.* 133, rue du Cherche-Midi (VIe).

2053. — La vie naît de la mort, dessin en vue de la gravure d'après les panneaux de l'amphithéâtre de Chimie par Besnard.

2054. — Portrait du docteur Julien Gagey. } gravures originales.

2055. — Tête d'expression pour la Société des Amis de l'eau-forte. } gravures originales.

2056. — Portrait de Mme L... } gravures originales.

OSTERLIND (A.), *A. P.* 21, boulevard du Château, Neuilly-sur-Seine.

2057. — La gitane (eau-forte en couleur).

2058. — Cigareros (eau-forte en couleur).

2059. — Autour du puits (eau-forte en couleur).

OSTERLIND (Mlle A.), boulevard du Château, Neuilly-sur-Seine.

2060. — La roue du moulin (Pierrefort, éditeur).

2061. — Le vieux moulin (Pierrefort, éditeur).

OSTROUMOFF (A.) 4, rue Baskoff.

2062. — Un paysage russe.

PAILLARD (H.), *S.* 13, rue Duperré (IXe).

2063. — Suite de gravures sur bois d'après Gorguet, pour illustrer « Sérénus » (Jules Lemaître), Société des Amis des livres.

PESKÉ (J.-M.), 12, rue Liancourt (XIVe).

2064. — Les oliviers (eau forte originale).

2065. — Les peupliers (eau-forte originale).

2066. — Collioure (eau-forte originale).

REDELSHEIMER (F.), 37, Grüneburgwerg (Francfort).

2067. — Château de Sans-Souci à Postdam (eau-forte originale).

ROBBE (M.). — Valmondois.

2068. — La mare.

2069. — La jolie ménagère.

ROCHE (P.), *S.* 25, rue Vanneau (VIIe).

2070. — Trois vues du Maroc (gypsographie).

2071. — Fuite en Égypte (gypsographie).

ROUSTAN (E.), *A.* 84, rue Notre-Dame-des-Champs (VIe).

2072. — Tête de jeune fille (lithographie originale).

2073. — Pommes et raisins (lithographie originale en couleurs).

SCHMIED (F.) 74, rue Hallé (XIVe).

2074. — Portrait de Jean Dampt, d'après Dagnan-Bouveret (gravure sur bois en camaïeu et or).

2075. — Le troupeau (gravure sur bois, d'après Millet).

SPENCE (R.), *A.* 3, Stratfort-Studios, Stratford road Kensington, Londres.

2076. — Robert Foster.

2077. — George Fox et Cromwell.

2078. — George Fox refusant de prêter serment.

STERNE. (M.). 6 rue Vercingétorix (XIVe).

2079. — Rockaway Beach.

2080. — Matin sur la plage.

STORN VAN GRAVESANDE (C.). *S.* 5, Nieuwe Parklaan, La-Haye.

2081. — Les brisants (pointe sèche).

2082. — La mer du Nord (pointe sèche).

2083. — L'entrée du port (pointe sèche).

2084. — Canal dans les polders (pointe sèche).

2085. — Venise le soir (pointe sèche).

SURÉDA (A.), 62, rue de Rome.

2086. — Premier jour de neige (lithographie).

TRUCHET (A.), *A. P.* 4. rue Caroline (XVIIe)

2087. — La chanteuse (lithographie en couleurs).

VALÈRE-BERNARD, *A.* 15, quai de Rive-Neuve. Marseille.

2088. — Quai Saint-Jean, Marseille (aqua teinte et vernis mou).

2089. — Gitano (1er état) (aqua teinte et vernis mou).

VEBER (J.), *S.* 149, boulevard Pereire (XVIIe).

2090. — Le souper chez Durand (lithographie).

2091. — L'ogre (lithographie).

2092. — Les buveurs (lithographie).

2093. — L'amour (lithographie).

2094. — La politique (lithographie).

2095. — Portrait de Mme P. de la G... (lithographie).

VIALA (E.), *A.* 24, rue Poncelet (XVIIe).

2096. — La statue de sel (eau-forte originale).

2097. — Dans la forêt (eau-forte originale).

2098. — La vie (eau-forte originale).

2099. — L'adoration de l'ombre (eau-forte originale).

VILLON (J.). 71, rue Caulaincourt (XVIIIe).

2100. — Le potin.

2101. — Autre temps.

VIVANTE (A.). Rione Sirignano, 3, à Naples.

2102. — Portrait de Mlle Legrand.

WAIDMANN (P.). *S.* 103, avenue de Neuilly, Neuilly-sur-Seine.

2103. — Pointe sèche.

2104. — Pointe sèche.

2105. — Gravure.

2106. — Gravure.

2107. — Gravure.

WALTNER (C.), *F.* 11, boulevard de Clichy (IXe).

2108. — Portrait de l'Arioste, d'après Titien (gravure).

2109. — « Quand tu seras fleur devenue » (revanche des fleurs) ; E. Gondeau (eau-forte originale).

2110. — Un pont de Londres, d'après Monet (pointe sèche).

2111. — Portrait de M. A. M... (gravure d'après nature).

2112. — Portrait de Mlle G. C... (gravure d'après nature).

2113. — Portrait de M. H. Roujon, Secrétaire perpétuel de l'Académie des Beaux-Arts, d'après Weerts (eau-forte).

WINSLOW (H.). 308 west, 22 *nol*, Street New York (U. S. A.).

2114. — Beacon Street, Boston (U. S. A.).

2115. — The boat builders.

WORCESTER (A.) 29, rue Delambre (XIVe).

2116. — Fête aux Invalides.

2117. — Rue de la Petite-Boucherie

ARCHITECTURE

BESNARD (J.-A.), A. 54, rue des Abbesses (XVIIIe).

2118. — Croquis d'architecture en Belgique.

COLLIN (A.-J.). S. 158, rue de Courcelles (XVIIe).

2119. — Habitation en Bretagne (étude d'intérieur), complément du projet exposé en 1903.

2120. — Habitation dans les Pyrénées (par perspective).

2121. — Habitation dans les Pyrénées (plans).

DIRIKS (Mme A.). 18, rue Boissonade (XIVe).

2122. — Intérieur de paysans suédois.

2123. — Intérieur de paysans (vieux style suédois).

FEINE (L.-A.) et **HERSCHER** (E.). 223, boulevard Saint-Germain et 84, rue Lauriston.

2124. — Un châssis : Projet d'une salle aux Tuileries.

2125. — Un châssis : Projet d'une salle aux Tuileries.

2126. — Un châssis : Projet d'une salle aux Tuileries.

2127. — Un châssis : Projet d'une salle aux Tuileries.

2128. — Un châssis : Projet d'une salle aux Tuileries.

2129. — Un châssis : Projet d'une salle aux Tuileries.

2130. — Un châssis : Projet d'une salle aux Tuileries.

2131. — Un châssis : Projet d'une salle aux Tuileries.

2132. — Un châssis : Projet d'une salle aux Tuileries.

FOUCHER (J.-J.). 3, boulevard du Moulin-de-l'Hôpital, Orléans (Loiret).

2133. — Une maison de pêcheur dans la falaise (plans, façade perspective).

GARAS (F.-J.-M.). S. 6, rue Boissonade (XIVe).

2134. — Etudes pour le « Temple à la Pensée », dédié à Beethoven.

GAUDIN (F.). A. 6, rue de la Grande-Chaumière (VIe).

2135. — Vitrail original de 2,85 sur 1,65 représentant deux scènes de la vie de Champlain (cartons par MM. Léon Le Cler et Freider).

GÉRARD (J.-P.). A. 17, rue du Faubourg-Saint-Antoine (XIe), atelier 17, rue Campagne-Première (XIVe).

2136. — Etude de décoration.

2137. — Etude de décoration.

GOUBERT (A.-M.), A. 34, rue de Flandre (XIXe).

2138. — Salle d'auditions musicales (6 dessins).

2139. — Une maquette sur scelette en bois et vitrine.

2140. — Une peinture.

2141. — Cathédrale de Chartres (étude d'une travée de la nef (relevé).

2142. — Dessin.

2143. — Dessin.

2144. — Dessin.

2145. — Dessin.

GOUMAIN (A.-A.). 54, rue de Charonne (XXe).

2146. — Un buffet chêne (décoration blé).

2147. — Une étagère.
2148. — Une table.
2149. — Une chaise.

HEATON (C.), *A. D.* Neufchâtel (Suisse).

2150. — Panneau vitrail faisant partie d'une verrière destinée à une église de Lausanne. Composition originale dans le genre du XIIIe siècle.

JALLOT (L.-A.). 51, rue Cambronne (XVe).

2151. — Un buffet noyer sculpté.
2152. — Une table noyer sculpté.
2153. — Deux chaises garnies cuir décoré (décors tirés de la Passiflore).

JOSEPH (D.-M.-E.). 211, rue de Bourgogne, Orléans.

2154. — Maison de pêcheur dans les dunes (plans, façades, coupe).
2155. — Maison de pêcheur dans le Midi (plan, façade).

LAMBERT (T.), S. 7. rue Bonaparte (VIe).

2156. — Ameublement et décoration intérieure de l'hôtel de M. Krug, à Reims. Salle à manger, bibliothèque, petit salon.

LAVERRIÈRE (A.), S. 10, Terreaux, à Lausanne.

2157. — Habitation de M. G... (Haute-Savoie).
2158. — Pont Montbenon, à Lausanne.
2159. — Villa à Morges (Suisse).

LOVATELLI (W.). 57, rue Cortambert (XVIe).

2160. — Mobilier d'un petit boudoir, composé de :
Un canapé, un fauteuil, deux chaises, une vitrine d'appartement, un paravent, une table à thé, rideaux de fenêtre avec galerie.

MAJORELLE (L.). Rue Palissot à Nancy et 22, rue de Provence (IXe).

2161. — Ensemble de mobilier pour un cabinet de travail bois d'acajou et courbarie, composé de :
Une bibliothèque, un bureau, une cheminée (bas-relief femme de E. Bussières), quatre sièges.

MASSON (L.). 5, rue Chappon, Orléans.

Agrandissement du manoir de la Ronce, à Châteauneuf-sur-Loire (Loiret).

2162. — Plan du rez-de-chaussée (façade sur route).
2163. — Plan du 1er étage et façade sur jardin.
2164. — Plan du 2e étage (coupes et photographies).
2165. — Perspective.

MILVOY (A.-D.). 1, rue Dijon, Amiens.

2166. — Patri matrique Filius devotissimus. Tombeau (dessin sur châssis).
2167. — Bureau ministre en poirier ciré.

NELSON (F.-A.). 66, rue de Vaugirard (VIe).

2168. — Croquis de voyage (Prato, Como, Florence).

OLIVIER (L.-A.). 66. rue de Vaugirard (VIe).

2169. — Relevé d'une mosaïque de l'église Saint-Denis (XIIe siècle).

OUDIN (M.-A.) et **CHAULIAT** (E.-A.). 18, avenue Philippe-Auguste et 6, rue des Maraîchers.

2170. — Un établissement de bains et hydrothérapie moderne dans une ville de 20.000 habitants.

PATOUT (P.). 15 *bis*, avenue du Chemin-de-Fer, Rueil (Seine-et-Oise).

2171. — Habitation de M. D..., à Rueil.

PLANCHÉ (F.-L.), *A.* 14, Venelle-du-Champ-Rond, Orléans.

2172. — Notre-Dame de la Mer (projet d'une chapelle d'ex-voto sur les bords de la mer (rendu perspective).
2173. — Notre-Dame de la Mer (aquarelle-maquette).
2174. — Notre-Dame de la Mer (plan d'ensemble).
2175. — Une maison de pêcheur dans les rochers (plan, façades, coupes, perspective).
2176. — Une maison de pêcheur dans les rochers (effet de nuit).

POLTI (J.), S. 18, rue Denis-Gagne Clamart (Seine).

2177. — Hôpital de campagne (croquis de voyage).

POSTEL-VINAY (G.), A. 9, avenue de Breteuil.

2178. — Villa à Chaville.

2179. — Cathédrale de Patras (Grèce).

2180. — Cathédrale de Patras (Grèce).

2181. — Cathédrale de Patras (Grèce).

PROVENSAL (H.), S. 11, rue Lebon (XVIIe).

2182. — Harmonies de l'espace (monument crématoire, façade, perspective).

RAGUEL (F.). 1, passage Rauch.

2183. — Une chambre à coucher, composée de :

Une armoire, un lit, une table de nuit, une étagère, un fauteuil, trois chaises.

RIGAUD (H.). 6, rue de Rome (VIIIe).

2184. — Bahut bas, acajou ciré, coins ronds.

2185. — Table salle à manger, acajou ciré.

2186. — Une chaise acajou ciré, cuir marbré.

2187. — Une chaise.

SEZILLE (L.-P.). 59, rue Caulaincourt (XVIIIe).

2188. — Maison de campagne à Ecouen ; cadre comprenant :

Plans, façade principale, deux aspects différents de la maison, deux vues intérieures.

THIBAUT (F.). 25, rue de l'Abbé-Grégoire (VIe).

2189. — Oies sauvages (carton de vitrail).

THOMAS (P.-M.-J.). 10, Cité des Fleurs (XVIIe).

2190. — Un châssis (projet de construction en ciment armé de maison de campagne.

TOURNEL (DAUMONT) (E.), A. 14, rue des Volontaires (XVe).

2191. — Vitrail d'appartement.

(Voir Art décoratif).

TOURNEL (DAUMONT) (H.-C.), A. D. et A. 14, rue des Volontaires (XVe).

2192. — Les vierges folles (vitrail).

2193. — L'aurore emporte le corp de Memnon (vitrail).

SECTION D'ART DÉCORATIF

ET D'OBJETS D'ART

ANGST (C.-A.). 141, boulevard Saint-Michel.
Salle à manger en noyer :
2194. — Buffet, panneaux décoratifs: le Travail. la Famille. panneaux frêne et orme, poignées argent et incrustations bleuets.
2195. — Desserte, panneaux, frêne et orme. poignées argent.
2196. — Table à coulisse.
2197. — Quatre chaises.

ARNESEN (B.). 12, rue de la Grande-Chaumière, à Paris.
2198. — Vitrine contenant :
1. Miroir à main repoussé et ciselé; 2. Ceinture en argent repoussé et ciselé ; — 3. Boucle aux oiseaux en argent repoussé et ciselé; — 4. Boucle aux grenouilles en argent repoussé et ciselé; — 5. Boucle aux cerfs en argent repoussé et ciselé; — 6. Boucle avec lapin et chien en argent repoussé et ciselé.

AUBÉ (J.-P.), S. 12, rue d'Erlanger (XVIe).
2199. — « Les heures », projet de pendule (cire).
2200. — « Errante », porte-bijoux. bois. ivoire, cristal de roche.

AUGÉ (M.) et **VIAL** (E.). 5 *bis*, avenue de Paris, à Versailles.
2201. — Vitrine contenant :
1. Un vase Ancolies; 2. Vases vigne vierge du Japon ; — 3. Vase Eucalyptus ; — 4. Vase raisin d'Ours ; — 5. Vase paysage ; — 6. Une boîte Louis XIV ; — 7. Une jardinière paysage ; — 8. Un baguier paysage ; — 9. Trois bijoux (émaux).

AVOG (Mme). 89, rue du Cherche-Midi (VIe).
2202. — Ours assis (grès Bigot).
2203. — Panthère (grès Bigot).
2204. — Chat (grès Bigot).
2205. — Vautour.
2206. — Hiboux (grès Bigot).

BAEYENS (L.-E.). 23, rue Chappe (XVIIIe).
2207. — Premiers pas.
2208. — Cueillette.
2209. — Coq.
2210. — Cygne.
2211. — 14 Juillet.

BAILLY (E.-J.). 47, rue Laffitte (IXe).
2212. — Deux plaques argent émaillé.

BARON (J.-A.). 9, place des Voges (IVe).
2213. — Modèle pour étoffe.
2214. — Modèle pour étoffe.

BAUBAN-BINET (M.). 21, rue Carnot (Sens-sur-Yonne).
Cartons de broderies :
2215. — Capucines et chardons.
2216. — Mimosas.
2217. — Géraniums.

BERSONNET (P.-L.). 49, avenue de l'Opéra.
2218. — Décor de théâtre (maquette).

BERTIN (E.). 51, rue Fessart (XIXe).
2219. — Scarron. 1er acte. Un carnaval au Mans (1635).
2220. — Scarron. 3e acte. Le mensonge de la fenêtre.
2221. — La cigale et la fourmi. 3e acte. La kermesse.

BESNARD (Mme C.-G.), S. A. et A. S. 17, rue Guillaume-Tell.
2222. — Masque terre cuite (fragment).

BESNARD (R.-T.-L.), A. P. 97, boulevard Berthier (XVIIe).
2223. — Motif de tenture pour un pavillon français à Venise — exécuté en soie par la maison Cornhil.

BIGOT (A.), A. 13, rue des Petites-Ecuries.

2224. — Une vitrine contenant des pots en grès.

BIGOT (R.), Chez M. Morisset, 15, rue Lemercier (xvııe).

2225. — Saint-Hubert. Panneau décoratif attenant à une potence en fer forgé, pour rendez-vous de chasse.

2226. — L'aigle (panneau décoratif, bois patiné).

2227. — Le Corbeau (panneau décoratif bois patiné).

BILLE (J.), 32, de la Grande-Armée.

2228. — Frise pour papier peint. Printemps.

BILLE (M.), 130, rue de Longchamp (xvıe).

2229. — Couverture de livre « La nuit » broderie au passé. Cadre étain repoussé « Les papillons ».

BIZOUARD (V.), A. 15, rue des Minimes.

2230. — Vitrine contenant :

1. Coupe pavots (argent) en collaboration avec M. A. Debain, orfèvre ; — 2. Petit broc (argent) en collaboration avec M. A. Debain, orfèvre.

BOCQUET (F.), S. 3, rue Campagne-Première (xıve).

2231. — Une vitrine contenant :

1. Masque en cuivre repoussé et ciselé et incrusté d'or fin ; — 2. Broche en or fin et or vert repoussé et ciselé (brunette et abeille) (appartient à Mme Krebs) ; — 3. Broche en argent fin, travail pris sur pièce orné d'émail (Sphinx) app. à Mme Krebs) ; — 4. — Broche en argent fin repoussé et ciselé.

BONVALLET (L.), S. 67, rue Louis-Blanc.

2232. — Une vitrine contenant 7 objets de dinanderie et une coupe d'orfèvrerie :

1. — Un vase cuivre rosé à décor de feuilles de cactus ; — 2. Un vase cuivre jaune à décor de fougère ; — 3. Bouteille cuivre jaune col argent, décor algues ; — 4. Une bouteille cuivre et argent, forme et décor inspiré du pistil du lys ; — 5. Bouteille cuivre jaune, feuille d'eau interprétation) ; — 6. Un vase gourde à décor de feuille de capucine (interprétation) ; — 7. Un vase à décor de queues de paon ; — 8. Une coupe argent décor fin ciselure de Boyet).

BOUCHER (L.), 30, avenue de la République, à Issy.

2233. — Deux pièces d'un service à vin : 1. Vase avec bouton (étain) ; — 2. Gobelet (argent).

BOURGEOIS (J.), 45, rue de Belleville.

2234. — Projet pour panneau céramique.

BOUTET DE MONVEL (C.), A. 18, rue Tronchet (vıııe).

2235. — Vitrine contenant :

1. Collier (sycomore) or, platine, perles, algues-marines, émaux (pièce unique) ; — 2. Bracelet Torques, bête marine, or, argent, émeraudes, opales, saphirs (pièce unique).

BOUVET (R.), 168, rue du Temple (ııie).

2236. — Vitrine contenant :

1. Bague, jade gravé ; — 2. Bague, émail, saphir jaune et brillants ; — 3. Bague, agate gravée et incrustée ; — 4. Bague, grosse perle grise (serpents) ; — 5. Bague, cygnes or et argent ; — 6. Garnitures boutons manchettes « les saisons » ; — 7. Cachet (pierres gravées et or ciselé) ; — 8. Pendentif or ciselé (motifs gui et opales ; — 9. Epingle « ours et perle » (l'ours cornaline naturelle).

BOZZI (L.), 2, impasse Jouvencel, à Versailles.

2237. — Buvard, tête de cerf (cuir modelé et patiné).

2238. — Liseuse « Vie des abeilles », de M. Maeterlinck (cuir modelé et patiné).

BRARD (V.-P.), 22, avenue Parmentier.

2239. — Un moulin (décor de théâtre).

2240. — Une villa (décor de théâtre, intérieur).

BRISSET (E.), A. 36, rue du Pont-Neuf, Reims.

2241. — Bord d'étang.

Et parmi l'eau verdie ou s'effeuille l'automne...
(Henri de Régnier.)

2242. — Mai (buvard).

CARABIN (F.-R.), S. 22, rue Turgot (ıxe).

2243. — Petite bibliothèque vitrine.

2244. — La foi (statuette bronze), fillette épileptique portée par sa mère à la procession dansante d'Echternach (Grand-Duché du Luxembourg).

2245. — Maquette au 2/10 du projet du tombeau de Saint-Willibrord, formant autel avec sarcophage accessible, pour être exécuté en marbre polychrome et érigé dans le chœur de la Basilique Romane d'Ecternach (Grand-Duché du Luxembourg).

CARDET (M.-F.). 5, rue Frileuse, Gentilly.

2246. — Les contes de Perrault (reliure cuir ciselé).

2247. — Etui à cigarettes (cuir ciselé).

CARRIÈRE (E.), *S.* 9, villa Poirier (xve) et atelier, 14, rue Dutot (xve).

2248. — Vitrine contenant des céramiques.

CASAULTA (J.). 59, rue des Archives (IIIe).

2249. — Epingle à chapeau trèfle.

2250. — Broche laurier, perles et diamants.

CHADEL (J.-L.). 14, avenue du Maine.

2251. — Vitrine contenant :

1. Un peigne décoré avec châtaigniers ; — 2. Un peigne décoré avec buisson ardent ; — 3. Bague acier Saint-Georges ; — 4. Pendentif ivoire et brillants, « le baiser » ; — 5. Pendentif nacre « la forêt » ; — 6. Bouteille porcelaine ; — 7. Peigne corne et nacre.

CHASTEL (Mlle Y.-A.). 41, avenue de la Défense, Courbevoie.

2252. — Tapis au pochoir (jonquilles).

2253. — Projet de tenture au pochoir (lys).

CHUDANT (J.-A.), *S.* 43, rue de Douai, Paris (IXe) et à Buthiers, par Voray (Haute-Saône).

2254. — Décor d'Orient (maquette de tapisserie).

CLOSTRE (F.). 6, rue Murillo (VIIIe).

2255. — Mendiant qui se chauffe (bronze).

COLLET (E.). 22, rue Dareau (XIVe).

2256. — Table de salon (poirier et frêne).

COULIER (H.). 1, rue de Sceaux, à Châtillon-sous-Bagneux (Seine).

2257. — Gloire militaire (vitrail).

DABAULT (H.-E.). 11, quai aux Fleurs.

2258. — Vitrine contenant :

1. Junon (pendentif) ; — 2. Fortune (pendentif) ; — 3. Junon (bague) ; — 4. Printemps (bague) ; — 5. Arlésienne (bague).

DALPAYRAT (A.-P.), *A.* 17, Grande-Rue à Bourg-la-Reine (Seine).

2259. — Vitrine contenant des grès flammés :

1. Un grand vase ; — 2. Une courge ; — 3. Un vase ; — 4. Un vase ; — 5. Un vase ; — 6. Bonbonnière ; — 7. Encrier ; — 8. Petit vase ; — 9. Petit vase ; — 10. Petit vase.

DAMMOUSE (A.-L.), *S.* 12, rue des Fontaines, Sèvres (Seine-et-Oise).

2260. — Une vitrine contenant des porcelaines grand feu et des pièces en émail.

DAMPT (J.), *S.* 17, rue Campagne-Première (XIVe).

2261. — Une vitrine contenant :

1. Epée de membre de l'Institut offerte par la Société nationale des Beaux-Arts à son Président ; — 2. Gobelet d'enfant.

DELAHERCHE (A.), *S.* Armentières, par la Chapelle-aux-Pots (Oise).

2262. — Une vitrine : grès et porcelaine.

DELSTANCHE (Mlle B.). 107, rue de Liedekerke, à Bruxelles.

2263. — Un paravent (feuilles d'automne).

DESENNE, née **MATHEY** (Mme M.-E.). 39, rue de Turenne (IIIe).

2264. — Éventail, vernis Martin sur ivoire. Les heures du jour, matin, midi, soir.

DESMA Mlle (M.-L.). 41, rue Bayen (XVIIe).

2265. — Panneau décoratif (cadre cuivre repoussé et flammé).

DESPRET (G.). Chez M. Géo Nicolet, 10, rue Gustave Doré (XVIIe).

2266. — Une vitrine contenant huit coupes et bols en pâte de verre.

DOAT (T.), *S.* 47, rue Brancas, à Sèvres (Seine-et-Oise).

2267. — Porcelaines dures et grès flammés.

2268. — Camées polychromes et couvertes givrées.

DUNAND (J.), à Lancy.

2269. — Vitrine contenant :

1. Vase cuivre et or serti monté au marteau d'une pièce, repoussé et ciselé (pièce unique) ; — 2. Vase acier repoussé et ciselé,

décor nacre et argent (pièce unique); — 3. Saucière argent fin repoussé et ciselé; — 4. Vase cuivre et or serti, monté au marteau d'une pièce, repoussé et ciselé (bouton d'or) (pièce unique; — 5. Vase cuivre et or serti, monté au marteau d'une pièce, repoussé et ciselé pièce unique).

DUVINAGE (J.). 114, rue Caulaincourt.

2270. — La pêche tapisserie).
2271. — La chasse (tapisserie).
2272. — Décor d'aquarium ou serre.

ELKAN (B.). 141, boulevard Montparnasse.

2273. — Onze médailles :
1. Karl Friess, rédacteur en chef Karlsruhe (Bade) : — 2. Felix V. Eckardt à Berlin : — 3. Geh-Rat. Dr G. Wendt, humaniste; — 4. Excellence Dr A. Burklin, ancien V. P. du Reischtag, Karlsruhe : — 5. Hans Thoma, peintre, Karlsruhe : — 6. Edwig Einstein, pianiste. Karlsruhe : — 7. H. V. B. Dr Dakle, Karlsruhe ; — 8. Margarethe schilling Zieinssen. Metz ; — 9. Mudding Richter, Dortmund : — 10. Milka Ternina, cantatrice de la cour de Bavière à Munich ; — 11. S. A. R. le grand-duc de Bade, Karlsruhe.

ESCOULA (J.), S. 195, rue de Vaugirard.

2274. — La Bonté protégeant les Arts (plâtre patiné), modèle d'une statuette offerte à M. le baron Alphonse de Rothschild, membre de l'Institut pour les jeunes artistes. *(Voir à la sculpture).*

FANET (Mlle H.). 132, rue de Rivoli (Ier).

2275. — Napperon, genre ancien.

FELICE (M. DE). 6, rue Barennes, à Bordeaux.

2276. — Vitrine contenant :
Coffret et chardon bleu ; — Sac à lorgnette gris ; — Buvard (en collaboration avec M. Scheidecker) ; — Sac mélèze ; — Boîte à cigarettes ; — Petite boîte rouge ; — Bonbonnière chicorée ; — Gaine à flacon ; — Petite boîte bleue (cuir repoussé).

FISCHER (F.). Vienne, XVIII. Standtgasse, 7.

2277. — Pendule « Souffle printanier ».
2278. — Terre cuite patinée, éditée [illegible]

FIX-MASSEAU, S. 30, rue de Bruxelles (IXe).

2279. — Equilibriste (bronze, cire perdue).

FLEURY (M.). 8, rue du Parc-Royal (IIIe).

2280. — La chute du Rhin à Schaffouse (broderie encadrée).

FOURIÉ (D.). 30, rue Eugène-Flachat.

2281. — Vitrine contenant :
1. Un sac velours (app. à Mme A. F.) ; — 2. Un sachet velours (app. à Mme V. B.) ; — 3. Une ceinture cuir repoussé (app. à Mlle Andrée F.) ; — 4. Un sachet velours (app. à Mme S. C.).

FRUMERIE (A. DE). A. 66, rue de Rome.

2282. — Une vitrine contenant divers objets de céramique de Lachenal.

FUCHS (Mlle R.). 9, rue Campagne-Première (XIVe).

2283 — Frise (nuit de mai).
2284. — Frise, marronniers.

FUCHS-LALO (Mme N.). 22, rue de Tocqueville (XVIIe).

2285. — Lis martagons.

GAILLARD (E.). 55, quai des Grands-Augustins (VIe).

2286. — Pupitre à musique, en poirier des Corbières.
2287. — Chaise de salle à manger en Pakangnah (airain de la forêt) Tonkin.

GALLÉ (E.), S. D. 12, rue Richer (IXe).

2288. — Exposition particulière des œuvres d'Emile Gallé.
Cristaux ; — Lampes ; — Meubles ; — Tentures.
(Voir salle B, rez-de-chaussée à gauche).

GALLEREY (M.). 2, rue de la Roquette.

2289. — 1 plat décoratif, cornichons ; — 1 panneau, harengs ; — 1 plat décoratif, noisettes.

GARNIER (A.), S. 26, rue Vignon, Paris et Bazoches, par Montfort (S.-et-O.).

2290. — Un coffret sujet : l'Amitié.

GAUTIER (Mme M.), S. 6, villa de la Réunion (XVIe).

2291. — Pensées (aquarelle sur soie).
2292. — Éventail avec souris (dessin au pinceau).
2293. — Souris blanches (dessin au pinceau).
2294. — Souris blanches (dessin au pinceau)

GELLIAUME (Mlle M.). 26, rue Cardinet.
2295. — Un cadre contenant trois dessins d'objets d'art.

GERMAIN (Mlle L.-D.). 12, rue d'Alsace-Lorraine, à Saint-Mandé.
2296. — Une vitrine contenant :
1. Un sac cuir pointé d'argent d'après la feuille de chêne ; — 2. Un sac papillons ; — 3. Un réticule d'après le chardon ; — 4. Une ceinture d'après le lichen (peau d'antilope et cuir pointé d'argent) ; — 5. Une ceinture phalènes (cuir lamé d'argent ; — 6. Un portefeuille d'après la pomme de pin (cuir lamé d'arg.).

GODIEN (A.), A. 9, rue Tronchet (Lyon).
2297. — Frise décorative.

GOSSELIN (Mme É.). 5, rue Daunou (IIe).
2298. — Une vitrine contenant :
1. Un abat-jour (cuir repoussé ; 2. Plaque cuivre repoussé encadrée (tête de fillette) ; — 3. Plaque cuivre repoussé encadrée (Eve) ; — 4. Plaque cuivre repoussé encadrée (académie).

GRAND'HOMME (P.-V.), S. 34, avenue du Maine (XIVe).
2299. — Portrait de Mme la comtesse de F... (émail).
2300. — Portrait de M. F. C... (cire perdue).
2301. — Portrait du docteur W.-F... (cire perdue).
2302. — Émail.

GRELLET (F.-J.-G.). 3, square de l'Hippodrome (XVIIIe).
2303. — Printemps (frise de papier peint).
2304. — Tulipes (papier peint).

GRENAUT (L.). 13, passage Stanislas (VIe).
2305. — Un panneau application (cygnes).
2306. — Un coussin application.

HAIRON (C.). 5, boulevard Port-Royal.
2307. — Une vitrine contenant :
1. Ombelle (impression), corne sculptée ; — 2. Fleur de passion, boîte à poudre ; — 3. L'acacias, boîte à poudre ; — 4. Pissenlit, moulin à poivre ; — 5. Un coupe-papier (la fougère) (App. à Mme R...) ; — 6. Trois manches d'ombrelle la fougère) ; — 7. Le céleri, vide-poches ; — 8. Etamines, un petit vase.

HALLÉ (Mlle E.). 20, Milner St. Londres et 8, boulevard Flandrin (XVIe).
2308. — Une vitrine contenant :
1. Vigne émail translucide et pierres de lune ; — 2. Coupe-papier cristal de roche et émail.

HAMM (H.) 28. rue de Chartres, à Neuilly-sur-Seine.
2309. — Une coupe (corne verte).
2310. — Une coupe (corne blanche).
2311. — Une coupe (corne noire et verte).
2312. — Une coupe (corne rouge).
2313. — Une épingle Patura (corne blanche).
2314. — Une épingle papillon (corne blanche).
2315. — Une épingle houblon (corne rouge).
2316. — Une épingle papillon (corne noire et grise).
2317. — Un épingle papillon (marron).
2318. — Une épingle palme et volute (corne marron).
2319. — Une épingle Pichletra (corne opaline).
2320. — Une épingle papillon (corne noire et verte).
2321. — Un pendentif papillon (corne noire).

HART (Mlle H.). 7, rue Léopold-Robert.
2322. — Une vitrine contenant :
1. Un fermoir ; — 2. Une pendeloque ; — 3. Une épingle à cheveux.

HEATON (C.), A. Neufchâtel (Suisse).
2323. — Coffret en noyer et marqueterie avec nacre « Le sentier de la forêt ».

HELLÉ (A.). 21, rue Duperré (IXe).
2324. — L'accident.
2325. — La panne.
2326. — Sous la mitraille
(Projets d'estampes pour nursery.)

HÉROLD (L.-M.-A.). Ablon-sur-Seine.
7327. — Meuble jardinière en citronnier et marqueteries de bois naturels.
2328 — Un cadre de glace (marqueterie), fragment de décoration.

HESTIAUX (L.). 134, r. du Montet, Nancy.
2329. — Vol d'oies au crépuscule.
2330. — Forêt de bouleaux le soir.
2331. — Vieux pins au soleil couchant.
(Bois sculpté patiné avec incrustation de cristal.)

HILDEBRAND (B.), 83, boulevard Montparnasse (VIe).
2332. — Un panneau pour décoration murale.

2333. — Un panneau décoratif.

HIRTZ (L.), S. 51, rue des Mathurins (VIIIe).

2334. — Émaux :

Le nuage (paysage fantastique) ; — Gobelet décoré d'épis ; — Gobelet décoré d'algues et de coquillages ; — Gobelet d'argent ciselé, gravé et émaillé ; — Pendant de col (émail sur or).

HOUBER (Mlle D.), 13, rue Lafayette, à Lyon, et 85, rue de la Boëtie (VIIIe).

2335. — Rayon d'automne (broderie).

HUSSON (H.), Vétheuil (Seine-et-Oise), et chez M. Hebrard, 8, rue Royale (8e).

2336. — Une coupe, cuivre incrusté d'argent, petit liseron.

2337. — Une coupe, cuivre incrusté d'argent, seneçon.

JACQUIN (G.-A.), 25, rue Bertrand (VIIe).

2338. — Une écharpe, un col, deux pans de cravates, un motif de corsage, trois carrés (le tout en dentelle).

JOUANT (J.), A. 20, rue Blomet (XVe).

2339. — Vitrine contenant :

1. Un cartel oursin et sirène, bronze jaune incrusté d'argent (épreuve unique), ciselure de Joret ; — 2. Une boucle de ceinture œillets, argent incrusté d'or (épreuve unique), ciselure de Joret. App. à Mme J. C... ; — — 3. Un vase océanide (plâtre). — App. à la Manufacture nationale de Sèvres ; — 4. Un plat cyclamens (plâtre).

JOUVE (P.), 15, rue Boissonade (XIVe).

2340. — Vitrine contenant :

1. Singe à la statuette (bronze) ; — 2. Mouflons se battant (bronze) ; — 3. Mouflon couché (bronze) ; — 4. Bas-relief de loup (bronze) ; — 5. Bas-relief de lionne (bronze) ; — 6. Bas-relief de tigre (bronze) ; — 7. Tigre mangeant (bronze) ; — 8. Loup mangeant un lapin (bronze).

KAFKA (B.), 81, rue Darreau (XVe).

2341. — Une plaquette destinée à la Société artistique Manes à Prague.

2342. — Une plaquette (bronze).

KAULEK (A.), 19, rue de Reuilly (XIIe).

2343. — Planche (rubans).

2344. — Planche (petites soies).

2345. — Planche (décoration).

2346. — Planche (décoration).

LACHENAL (E.), A. Châtillon, près Paris.

2347. — Buste céramique polychrome, Portrait de Léopold Grandchamps, décédé en 1902, élève de l'École polytechnique (sculpture et céramique de Lachenal).

2348. — Vase céramique.

LACROZE (Mlle A.), 84, rue Lauriston.

2349. — L'anémone (table triangulaire sycomore et acajou pyrogravée et teintée).

LAFFITTE (G.-F.-E.), A. P. 1 *bis*, rue de Chaillot.

2350. — Une vitrine contenant :

1. Quatre portes-mennes fleurs diverses ; — 2. Une petite glace, œillets ; — 3. Un miroir à main (groupe de Saxe, fleurs) ; — 4. Une boîte, automobile ; — 5. Cinq pièces pour garniture de toilette à décor d'œillets et de roses ; — 6. Toilette à décor d'œillets et de roses ; — 7. Une boîte à allumettes (fox terrier) ; — 8. Une broche golf ; — 9. Une broche, yacht ; — 10. Une broche, fleurs ; — 11. Un bloc-notes, iris ; — 12. Une boîte à cigarettes, fleurs ; — 13. Une boîte à allumettes, fleurs ; — 14. Une boîte à cigares, grandes manœuvres ; — 15. Une boîte à flacons : au pesage ; — 16. Une boîte à allumettes, fleurs.

LAFITTE-DAUSSAT, 1, rue Cavalotti.

2351. — Une vitrine contenant :

1. Manon ; — 2. Carmen ; — 3. Mimi (petite bohême) ; — 4. Chiffon (Luzy de loge).

LAURENT (Mlle L.), 97, rue Blomet (XVe).

2352. — Exécution d'un col en broderie d'application.

LECOMTE (A.), 143, avenue de Villiers.

2353. — Un projet d'étoffe imprimée.

2354. — Deux projets de dentelles.

LEFORT DES YLOUSES (H.-A.), A. G. 13, avenue de Madrid, Neuilly-sur-Seine.

2355. — Un cadre, objets d'art en cuivre, bronze, argent, etc.

LEJEUNE (H.), 5th, avenue, 197, Paterson (U. S. A.) et chez M. E. Lejeune, 58, rue Saint-Denis, à Saint-Ouen.

2356. — Solitude (projet de frise pour papier peint).

LEMAIRE (Mlle S.), A. 31, rue de Monceau.

2357. — Un coffret orné de gouaches.

LEMONNIER (L.) et **PÉTILLION** (G.). 8, impasse du Puits, rue Lauzin (XIXe).

2358. — Maquette de paysage pour le premier acte de « Parsifal » (Richard Wagner).

LERCHE (H.-S.), *A. D.* et *S.* 65, via Lecossa, Rome.

2359. — Une vitrine contenant:

1. Vase gris bleu pied bronze; — 2. Vide-poche coquillage sur marbre; — 3. Petit vase pierre bronze; — 4. Fleur bronze et nacre ; — 5. Vase jaune sur bronze ; 6. Petit vase lapis : — 7. Coupe cristaux sur socle ; — 8. Bol gris violet sur bronze ; — 9. Plat bronze paon ; — 10. Gobelet vert rouge ; — 11. Coupe poisson ; — 12. Coupe fleurs; — 13. Grand plat femme ; — 14. Coupe céramique pied bronze ; — 15. Cruche bacchanale ; — 16. Une bague dauphin ; — 17. Une épingle cravate coquille ; — 18. Une broche saphir vert et perles ; — 19. — Une figurine Bouddha argent ; — 20. — Masque pierres perles argent et or : — 21. Une bague serpent perles.

LYLE SMYTH (B.). Castel di Sorci, Anghiari (Toscane) Italie.

2360. — Tapis de table.
2362. — Tapis de paons.
2361. — Bande de table.

MANGEANT (P.-E.). *S.* 102 *bis*, avenue de Paris-Versailles.

2363. — Une vitrine contenant :

1. Pièces d'un service de toilette (app. à M. Ch. Paix-Scailles) (boîtes à brosses, boîte à savon, flacons cristal, argent martelé) ; — 2. Objets de parure, argent martelé, opercules, nacres.

MARCEL-JACQUES (A.), *A. S.* 22, rue Dareau (XIVe).

2364. — Jardinière en marbre.

MARE (C.-A.). 21, Avenue du Maine.

2365. — Enfants (frise).

MARIUS-MICHEL (H.). *S.* 74, rue de Seine.

2366. — Vitrine reliure.

MARTILLY (E.-H.-M.-J. DE). 48, rue Fabert (VIIe).

2367. — Une vitrine contenant :

1. Lampe hortensias : bois, corne, grès, cristal ; — 2. Lampe aux capucines : bronze argenté, abat-jour de soie peinte ; — 3. Lampe aux piments : bois corne ; — 4. Lampe aux pitangas : bois corne.

MÉNESSIER (A.). 99, rue Petit (XIXe).

2368. — Gare de Charing-Cross.
2369. — Rue de Londres.

MÈRE (C.), *A.* 15, rue Froidevaux.

2370. — Une vitrine contenant 13 pièces, objets bois blancs patinés, mousselines, crêpes Chine et soies de garde.

MEUNIER (C.), *A.* 3, rue de la Bienfaisance (VIIe).

2371. — Une vitrine contenant 3 volumes :

1. Isée, mosaïque sans or ; — 2. *Paysage et coin de rues*, cuirs incisés inspirés de l'illustration de Lepère : — 3. *Foires et marchés normands*, cuirs ciselés inspirés de l'illustr. de Lepère.

MEZZARA (P.), 13, avenue Carnot (XVIIe).

2372. — Une vitrine contenant des broderies et des dentelles :

1. Un manchon ; — 2. Deux béguins de théâtre ; — 3. Quatre médaillons (point à l'aiguille) ; — 4. Dentelles en filet et tulle brodé.

MONOD (E.), *A.* 72, avenue d'Orléans (XIVe).

2373. — Une vitrine contenant :
Un vase en bronze.

MONTAGNY (Mlle F.). 15, rue Boissonade.

3474. — Une vitrine contenant un cadre en cuir repoussé (orchidées), et 5 reliures en cuir repoussé.

1. L'abbesse de Jouarre : — 2. La mare au diable ; — 3. Sapho (Daudet) ; — 4. La princesse lointaine ; — 5. La divine comédie.

MOREAU (Mlle H.). 22, rue Minvelle, Bordeaux.

2375. — Une vitrine contenant :

1. Étude de fougères : plaque de scharkoll ciselé, repaissé, flambé ; — 2. Assiette de cuivre repoussé, ciselé ; — 3. Bonbonnière cristal, dessus en scharkoll repoussé, ciselé, flambé ; — 4. Boîte à poudre cristal, dessus en cuivre jaune, repoussé, ciselé ; — 5. Memorandum feuilles de scolopandre argent repoussé, ciselé.

MOREAU NÉLATON (E.), *S.* 73 *bis*, faubourg Saint-Honoré (VIIIe).

2376. — Une vitrine de grès cérames.

MORISSET (Mlles B et H.). 15, r. Lemercier.

2377. — Un cadre contenant quatre dessous de vases broderies de soie, d'argent et d'or.

2378. — Un modèle de frise.

2379. — Un modèle de napperon.

MORLET (H.-N.), A. 12, rue de la Légion-d'honneur, à Saint-Denis (Seine).

2380. — Clef et entrée de serrure.

NOCQ (H.), S. 29, quai de Bourbon (IVe).

2381. — Une vitrine contenant :
1. Bagues ; — 2. Pendeloque ; — 3. Insigne de la Société Franco-Japonaise ; — 4. Cinq portraits ; — 5. Médaille de la Société historique du VIe arrondissement de Paris ; — 6. Esquisse : Souvenir des blessés soignés par la Croix-Rouge japonaise.

NOURY-ROGER (Mlle E.). 15, rue du Grand Cerf à Meaux et 44, rue des Marais.

2382. — Le gui.

ORY-ROBIN (Mme B.), A. 7, rue Boissonade (XIVe).

2383. — « La Plaine » (tapisserie murale rehaussée d'or fin).

2384. — « Dans l'eau » (panneau décoratif rehaussé de brocarts et de pierres fines).

2385. — Paravent rehaussé de soie et d'argent fin.

PÉJAC (G.-R.), A. 108, rue de Bercy (XIIe).

2386. — Un lustre électrique.

2387. — Une cruche à bière. — L'orge et le houblon.

2388. — Un cadre contenant trois planches dessinées pour la suite de l'ouvrage déjà présenté : « L'architecture de la Plante ».

RAGUEL (F.). 1, passage Rauch (XIe).

2389. — Pendule dans une vitrine.

RÉCAPPÉ-ALQUIER (M.-P.). 5, rue Gœthe (XVIe).

2390. — Bandeau de cheminée.

RÉGIUS (E.-G.). 6, passage Piver, à Paris.

2391. — Une cheminée électrique en cuivre rouge ciselé et martelé.

2392. — Un écran.

REMANÉ (C.). 5, rue Joubert (IXe).

2393. — Vitrine contenant :
1. Un collier or et argent fin, orné de roses, perles fines, et motifs émail vert ; — 2. Un pendentif or et argent, repoussé et ciselé ; motif d'algue enlaçant des perles baroques et perles fines ; — 3. Un pendant, or et argent fin, ciselé, orné de tourmalines, rubis et perles fines ; — 4. Un petit pendentif trèfle émail vert enchâssé dans de l'or et argent fin ; avec petites roses.

RENAUDOT (Mme P.), et **MACQUERON** (Mlle A.). 1, rue Cassini (XIVe), et 5, r. de la Tourelle, à Boulogne-s.-Seine.

2394. — Une vitrine contenant :
4 buvards (cuir teinté) ; — 2 portefeuilles ; — 1 ceinture ciselée et incrustée ; — 3 boutons nacre et corne ; — 2 boutons cuir ; — 2 boutons cuir et cuivre ; — 2 boutons étain, cuivre et nacre.

REYEN (A.-G.). S. 17, boulevard Solférino, à Rueil (Seine-et-Oise).

2395. — Une vitrine contenant :
Un vase branche de châtaignier ; — Une coupe oiseau et feuillage.

RIVAUD (C.), S. 23, rue de Seine (VIe).

2396. — Vitrine : Bijoux.

ROCHE (P.), S. 25, rue Vaneau (VIIe).

2397. — Pendule.

2398. — Bénitier.

2399. — Deux baguiers.

2400. — « La colère » (mica églomisé).

ROCHETTE (R.) et **PÉTILLION**. 8, impasse du Puits, rue Lauzin (XIXe).

2401. — Maquette pour le 2e acte de Parsifal (R. Wagner).

2402. — Maquette du 3e acte de Parsifal (Rochette et Lemonnier).

ROGERS (Mlle E.). 16, rue de Lareinty, à Saint-Cloud.

2403. — Store en dentelle.

ROLLINCE (Mme J.), A. 6, rue Casimir-Périer (VIIe).

2404. — « Les Princesses » reliure vélin émaillé à chaud par un procédé spécial.

ROUSSEAU (G.). 102, rue de Longchamp.

2405. — Théâtres de maquettes :
1er décor : paysage préhistorique ; — 2e décor : Le vieux Paris ; — 3e décor : Athènes.

SAINVILLE (E. DE). 12, rue de Berlin.

2406. — Mosaïque de marbre sur ses cartons.

SALMON (Mlle C.-C.). 12 *bis*, avenue des Gobelins (Ve).

2407. — Dos de piano, hortensia et glycine.

SARABEN (L.). 33, rue des Viviers, au Havre.

2408. — Maquette de théâtre :

« Louise » de Charpentier (échelle de 0m.05 par mètre).
2409. — Maquette de rideau.

SAUTON (Mlle M.). 4, rue Labie (XVIIe).
2410. — Une portière.

SCHEIDECKER (F.). 32, rue du Sentier
2411. — Vitrine contenant de la dinanderie et l'orfèvrerie :
1. Coupe à fruits : — 2. Vase à anses ; — 3. Vase à panse ; — 4. Plateau trilobé ; — 5. Bonbonnière (cuivre) ; — 6. Corbeille à pain ; — 7. Rond de serviette ; — 8. Plateau à petits verres (cuivre argenté) ; — 9. Timbale argent vierge : — 10. Bijou hausse-col ; — 11. Fermoir de sac à main (cuir de Mlle de Félice).
Cheminée électrique en cuivre rouge martelé.
Écran de cheminée en cuivre forgé et émaux translucides.

SCHWEISGUTLE (J.). 30, rue de Luxembourg (VIe).
2412. — Passiflores.
2413. — Plumbagos et papillons.

STACKELBERG (Comtesse F. DE). Chez M. Vallgren, 233 *bis*, faubourg Saint-Honoré (VIIIe).
2414. — « Roses ». Dessus de porte.
2415. — « Violettes ». Éventail.

STEINLEN (PH.). *A l'Art*, 18, rue Tronchet (IXe), et 73, rue Caulaincourt.
2416. — Grand chat couché sur divan.
2417. — Chat couché aplati.
2418. — Vieux chat maigre.
2419. — Chat perché.
2420. — Chat-sphynx.
2421. — Petit chat angora.

TAVERNIER (Mme C.). rue de Berry.
2422. — Vitrine contenant dentelles et broderies.

THAULOW (A.). 21, boulevard Berthier.
2423. — Panneau décoratif.

THESMAR (F.). S. 63, avenue du Roule, Neuilly, et atelier, 11, boulevard Victor-Hugo, Neuilly-sur-Seine.
2424. — Vase « géranium lierre » essai d'émaux translucides cloisonnés d'or sur la porcelaine nouvelle de la manufacture nationale de Sèvres.
2425. — Quelques petites tasses, émaux transparents cloisonnés d'or, exécutés pour la Société des amis du bibelot.

THIBAUT (F.). 23, rue de l'Abbé-Grégoire (VIe).
2426. — Frises (pochoir).
2427. — Frises (pochoir).
2428. — Frises (pochoir).
2429. — Carré de coussin.
2430. — Carré de coussin.
2431. — Carré de coussin.
(2429–2431 : Procédé de teinture sur panne de soie.)
2432. — Tapis de table (panne de soie teinte à la main).

TOURETTE (E.), S. 4, rue Montesquieu.
2433. — Vase Symphonie d'automne, interprétation en émail cloisonné d'or.
2434. — Coupes et applique de livre en émail cloisonné d'or.

VALLGREN (Mme M.-A.), A. 223 *bis*, faubourg Saint-Honoré (VIIIe).
2435. — « Tournesols », relief décoratif.
2436. — « Fleurs de pommier », petit relief décoratif.

VALLGREN, S. 223 *bis*, faubourg Saint-Honoré (VIIIe).
2437. — « Eve » (plâtre).
2438. — « Masque » (pierre).
2439. — « Rêve » (plâtre).
2440. — « Soif » (pierre).
2441. — Urne funéraire (bronze).
2442. — Mlle F. N... (statuette bronze).

VERNIER (E.-S.), S. 5 *bis*, rue Bara (VIe).
2443. — Une vitrine contenant 9 objets : 1. « Mariette » (Pacha), modèle de la plaquette (face), bronze ; — 2. Plaquette « Mariette » face et revers (bronze argenté) ; — 3. Carolus-Duran, plaque (bronze argenté) ; — 4. Mme R. de L., médaillon vermeil ; — 5. Médaille « Paillet » pour la Société des Amis des livres (face et revers bronze) ; — 6. Sainte-Beuve, plaquette bronze ; — 7. Chouppe, plaquette bronze.

WALDRAFF (F.), 15, rue Froidevaux (XIVe).
2444. — Reliure « Mode de Paris », O. Ozanne :
« L'ombre des jours » Comtesse M. de Noailles ; — « Les prières » F. Jammes ; — Pomme d'anis, Fr. Jammes.

WALLOMBREUSE (H.), 36, rue Jouffroy.
2445. — Vitrine renfermant neuf grès flammés.

ÉVREUX, IMPRIMERIE DE CHARLES HÉRISSEY

BUNNY (RUPERT C.-W.). *Portrait de Mlle A. C.*

FRIANT (E.). *Premières études.*

ALAUX (G.). *Rue de l'Esclopière, à Clairac (Lot-et-Garonne).*

LESREL (A.). *La répétition.*

FREDERIC (L.). *Le printemps.*

FOURIÉ (A.). *Avant le bain.*

CARRIÈRE (E.). *Portraits.*

Agache (A. P.). *Portrait.*

BERTEAUX (H. D.). *Portrait de Mlle Lefeuvre.*

Russet-Granger (E.). *Pizzicato*

Koos (V.). "*Le Chèvre-Pied*".

Courtois (G.). *Daphnis et Chloé.*

BRESLAU (Mlle L. C.). *L'image dans la glace.*

DUBUFE-WEHRLÉ (Mme J.). *Espagnole.*

DAGNAUX (A.). *Panneau décoratif pour le Lycée Fénelon.*

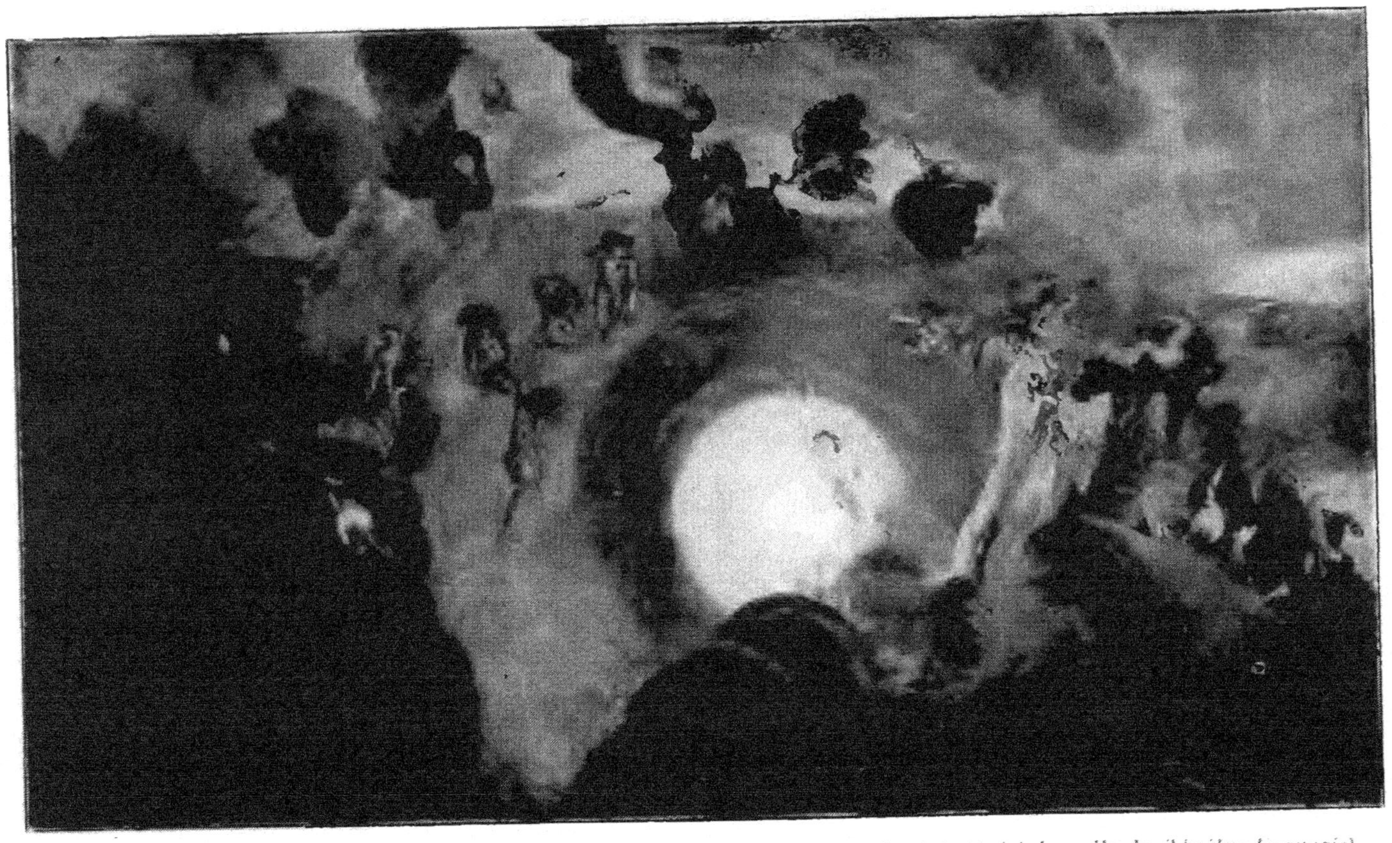

BESNARD (P. ALBERT). *Apollon et les vingt-quatre heures (Fragment du plafond destiné à la salle du Théâtre-Français).*

IWILL (M. J.). *Quai des Jesuati (vieilles maisons).*

ROLL (A. P.). *Joies de la vie (Art, Mouvement, Travail, Lumière).*

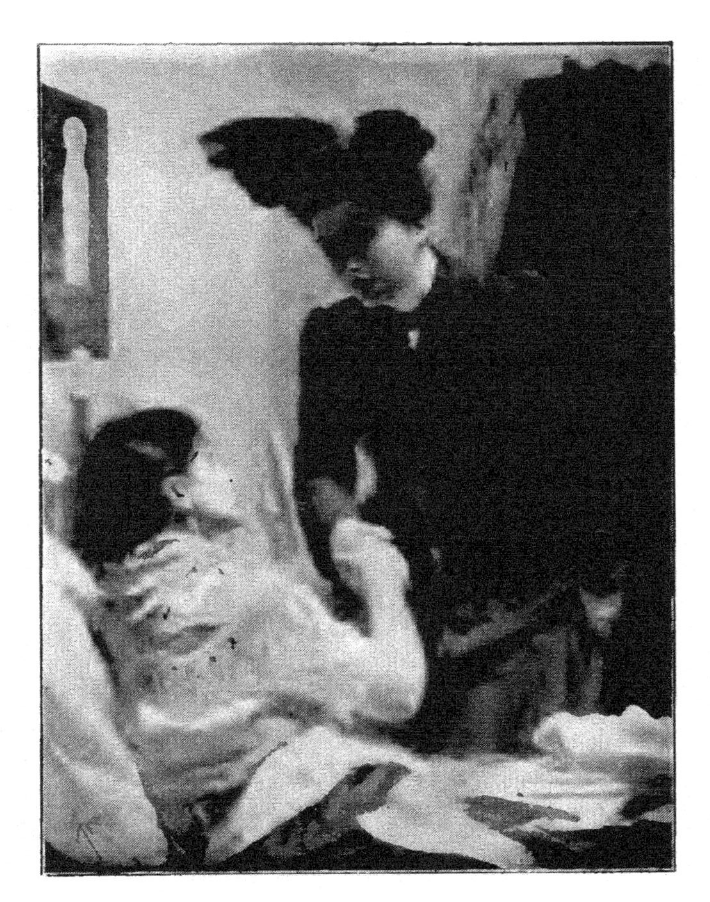

Arcos (S.). *L'Aumône et la Charité (Diptyque)*

FIRMIN-GIRARD (M. F.). *Château de Gatelier (fin d'automne).*

SIMON (L.). *Soirée dans un atelier.*

STETTEN (C. V.). *La fleuriste*

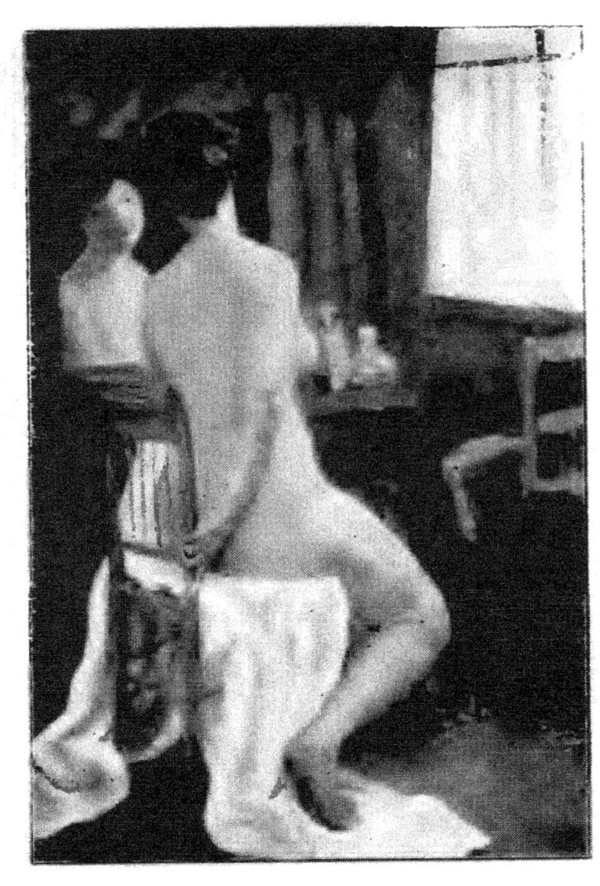

FREMONT (Mme S.). *Femme à sa toilette.*

GIRARDOT (L. A.). *Sur les terrasses.*

SAIN (E.). *Jeune fille au Miroir.*

GROS (L.). *Le retour de la Messe (Bretagne).*

FARASYN (E.). *Dans les Dunes* (*Matin*).

HAUSTRATE DE LOTH (G.). *Five o'clock.*

CASTELUCHO (C.). *Trois Femmes riant.*

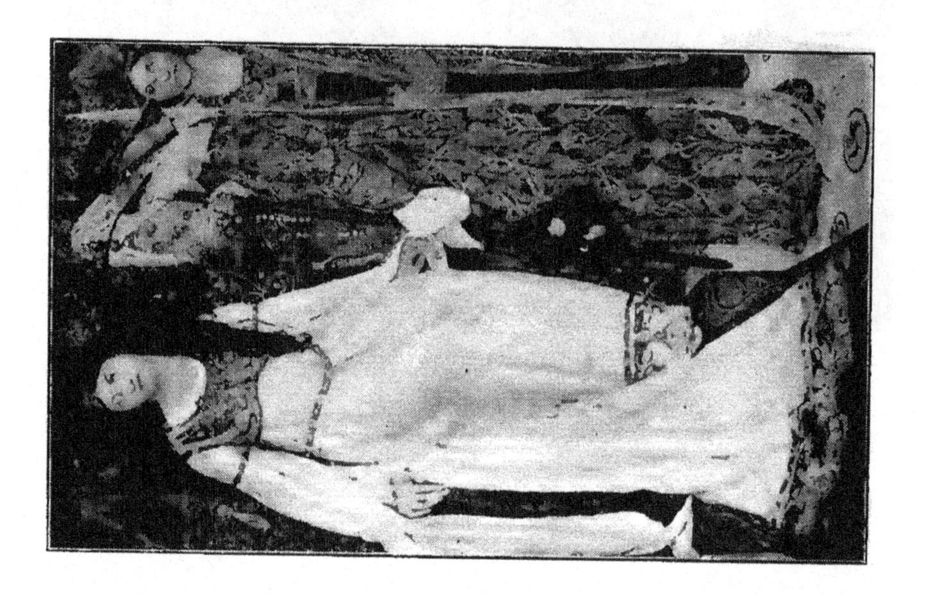

ANDRÉ (D.). *La Femme à la statuette*

DESGENETAIS (Mme M.). *Portrait de Mlle O. R.*

BALLOT (G. H.). *Portrait de ma mère.*

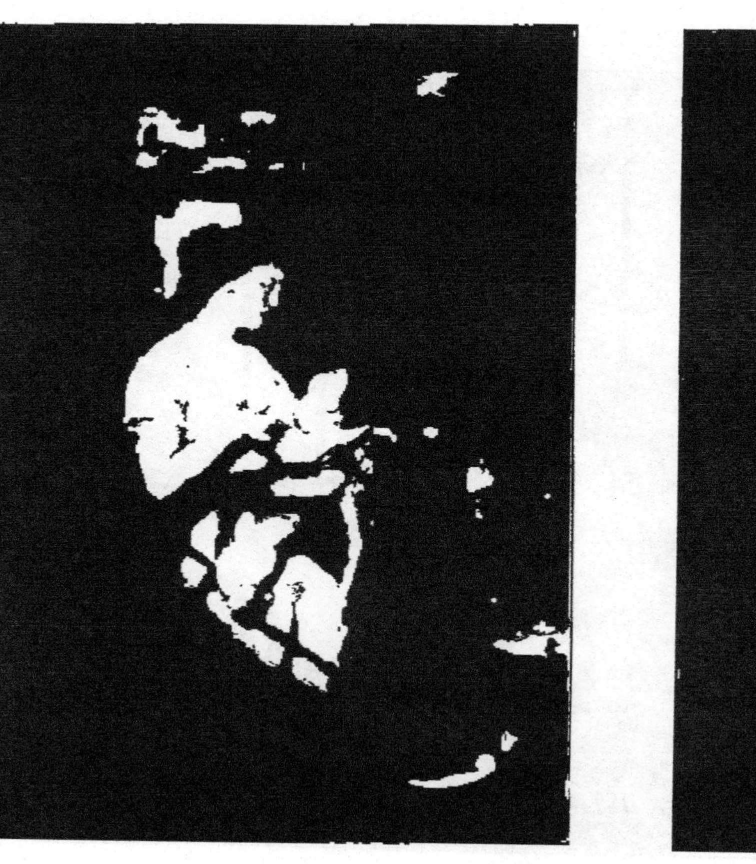

CAILLÉ (L.). *Jeune Mère.*

MOUTON (G.-L.). *Henry et Philippe (portraits).*

THOMAS (H.). *Vénus!!..*

WORCESTER (A.). *Étude de nu.*

RUTY (P.-M.). *La Cascatelle.*

DECISY (E.). *Savonnage.*

LEMONNIER (R.). *Sur la plage (Berck-sur-Mer).*

ALFASSA (Mme M.). *La Console.*

LEMONNIER (R.). *Sur la plage (Berck sur-Mer).*

SAINVILLE (E. de). *" En visite " ; portrait de Mlle G. D*

Rosen (E.-T.). *Songeuse.*

JOHNSON (M.-F.). *Femme en blanc*

LEE-ROBBINS (M[me] L.). *Femme nue.*

POWERS (Mlle M.). *Valence!*

PIERETTO-BIANCO (B.). *Dentellières de Burano.*

LARRUE (G.). *Seule!*

SAIN (E.). *Les fillettes de l'ouvrier.*

PAILLET (F.). *Portrait de Mlle F. P.*

Woog (R.). *Portrait de Mme Jules Comte.*

MOULLÉ (A.). *Les bords du Loing, à Moret.*

DAUPHIN (E.). *L'Escadre de la Méditerranée quittant la rade de Toulon le matin : Torpilleur en éclaireur.*

LEROY-SAINT-AUBERT (C.). *Une ferme à Berneval.*

BUXTON-KNIGHT. *Avant le Crepuscule.*

HENRY-BAUDOT (E.-L.). *Le taureau échappé.*

SURÉDA (A.). *Les Chiffonnières.*

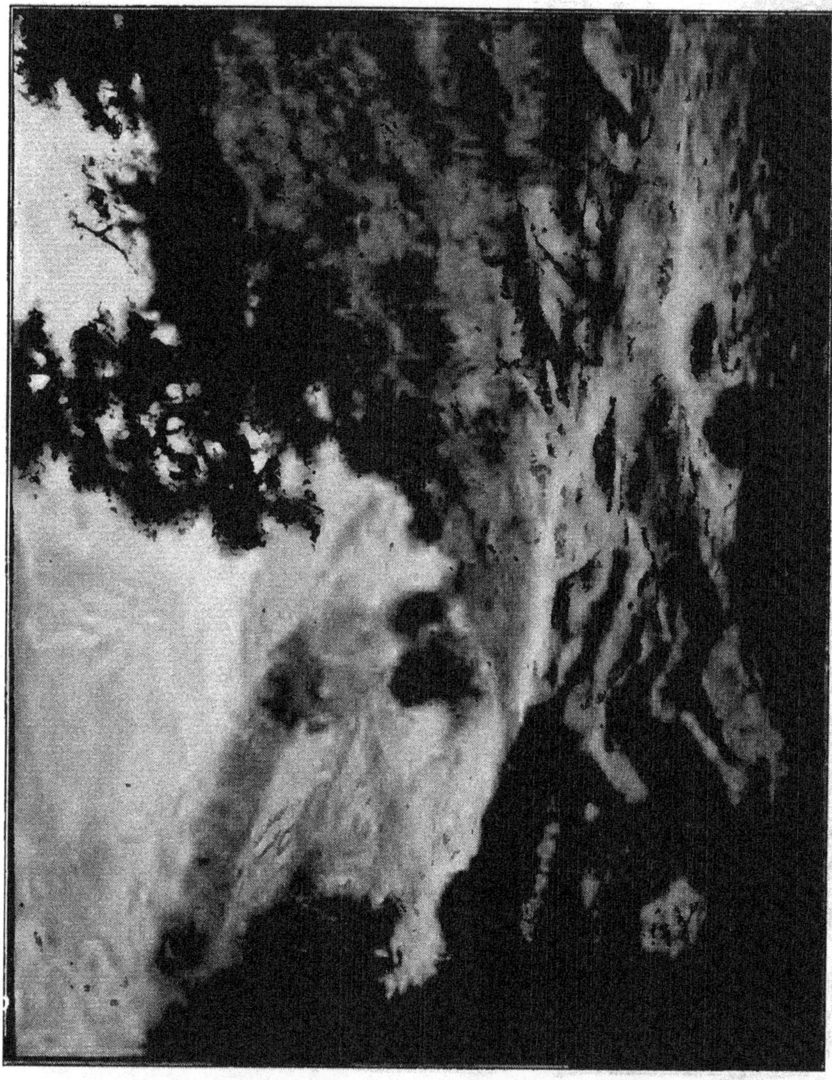

MADELINE (P.). *Automne.*

DELANCE (P. L.). *Bonheur perdu.*

BROWN (J.-L.). *La rentrée des herbages.*

Gros (L.). *Sur la digue à marée basse (Concarneau).*

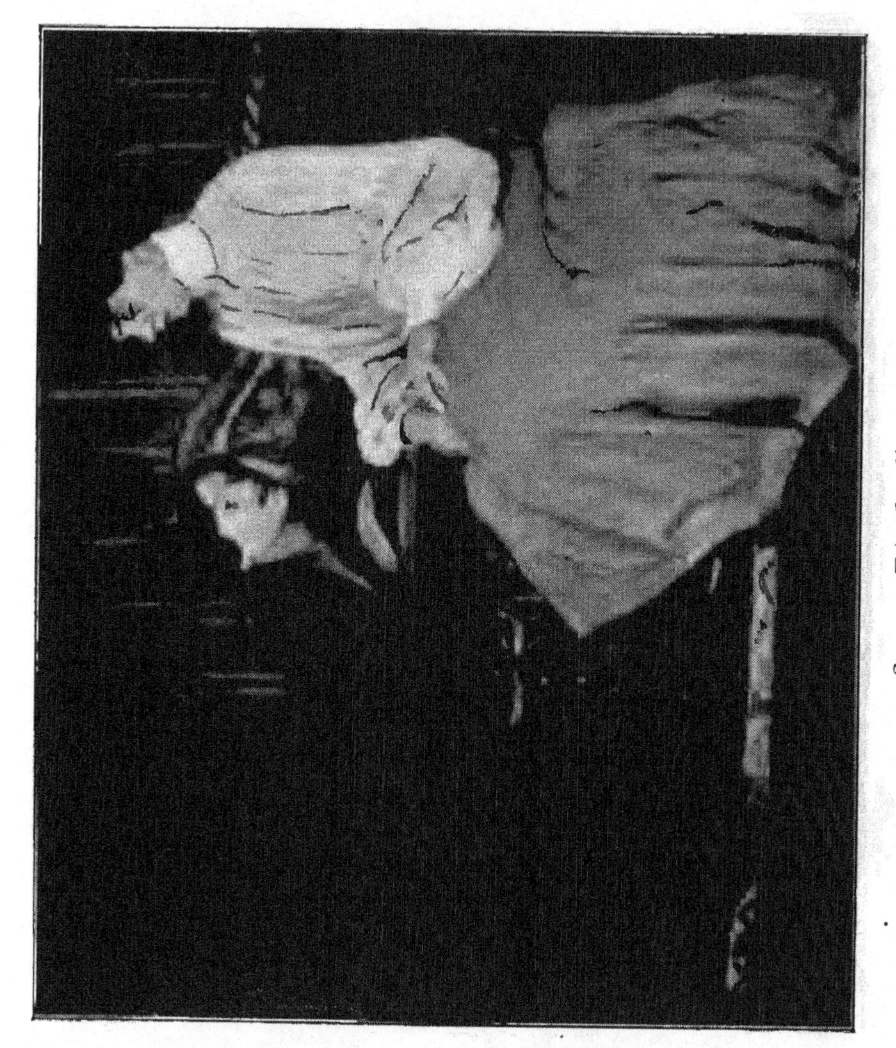

SAGLIO (E.). *Le divan.*

ALMAGIA (A.). *Le retour de la messe.*

BERNARD (E.). *Moïse rencontre les filles de Madian à la fontaine et les aide à abreuver leurs troupeaux.*

AUBURTIN (J. F.). *Suite antique (fragment).*

NEAVE (D.). *Un jardin sur la Tamise.*

PAVIOT (L.). *Baigneuses.*

ANTHONISSEN (L.-J.). *Marché aux moutons à Biskra.*

Willette (L.-A.) *Parce Domine.*

Hochard (G.). *Les musiciens (en province)*

MOLLIET (Mme C.). *Un bout de causette.*

BONNENCONTRE (E.-C.). *Présents d'automne.*

Perret (A.). *Paysannes aux champs.*

ARMFIELD (M.). “*Jacchos*” *à la mémoire de Walter Pater.*

RICHIR (H.). *Après le bain.*

LAURENS (P.-A.). *La source.*

SWYNNERTON (Mme A.-L.). *Mater Triumphalis.*

DELACHAUX (L.). *Portrait de la Duchesse d'E.*

FRIESCKE (F.-C.). *Femme lisant à côté d'une lampe.*

LA ROCHEFOUCAULD (H. DE). *Matin d'Été (panneau décoratif peint à la cire).*

WILLETTE (L.-A). *En route pour l'école.*

Delécluse (A.). *Pour le marché.*

GUILLAUME (A. A.). "*Le Chef-d'œuvre*".

LA GANDARA (A. DE). *Portrait de Mlle Polaire.*

La Gandara (A. de). *Portrait de Mme G.*

BESNARD (R. T. L.). *La tasse de thé.*

AMAN-JEAN (E.). *Portrait de Mme A. J.*

SCHARF (V.). *Petite Hollandaise tricotant.*

NEVEN DU MONT (A.). *Le Pierrot.*

Minartz (T.). *Mardi-Gras.*

SCOTT (G.). *Le colonel des cuirassiers de la Garde* (2e *Empire*).

MORISSET (H. F.). *Le modèle.*

SCHNEGG (G.). *Le déjeuner (Scène d'intérieur).*

Marzocchi (N.). *Combat de sirènes.*

ESTÉ (Mlle F.). *Pins bretons (Panneau décoratif).*

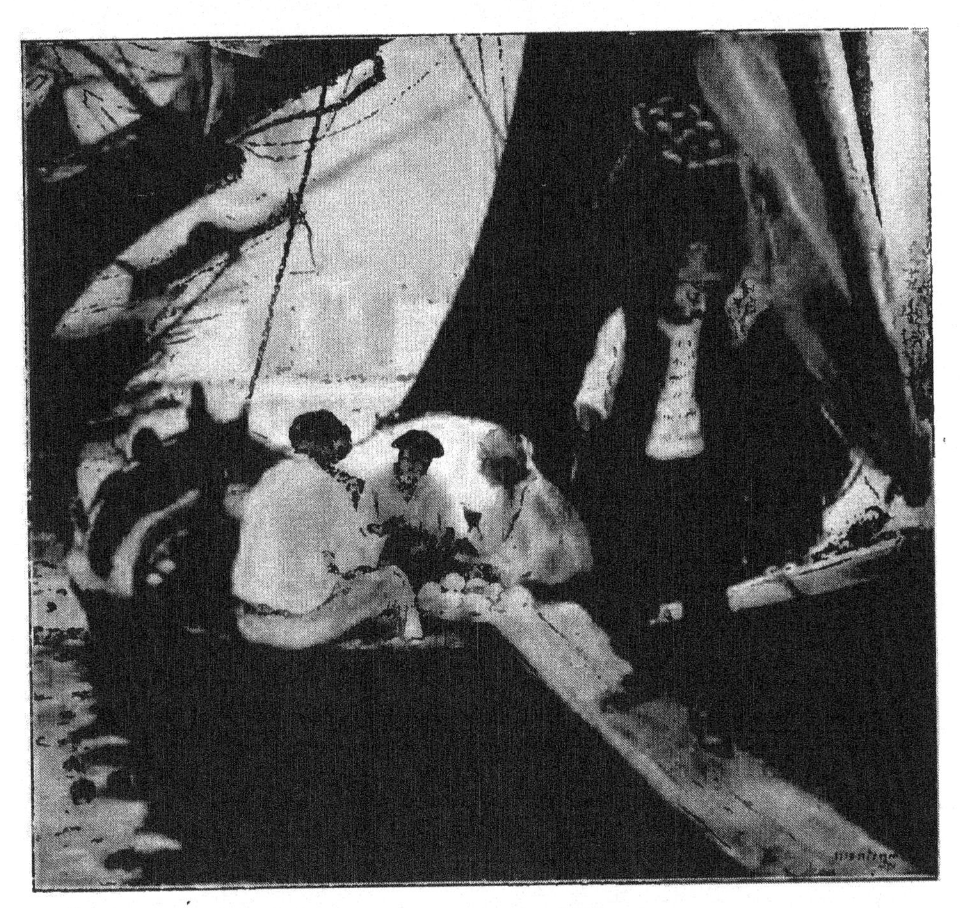

MONTENARD (F.). *Arrivage d'oranges (Marseille).*

PAILLARD (H.). *Le Souk des cordonniers (Tunis).*

MOREAU-NÉLATON (E.). *Le lever.*

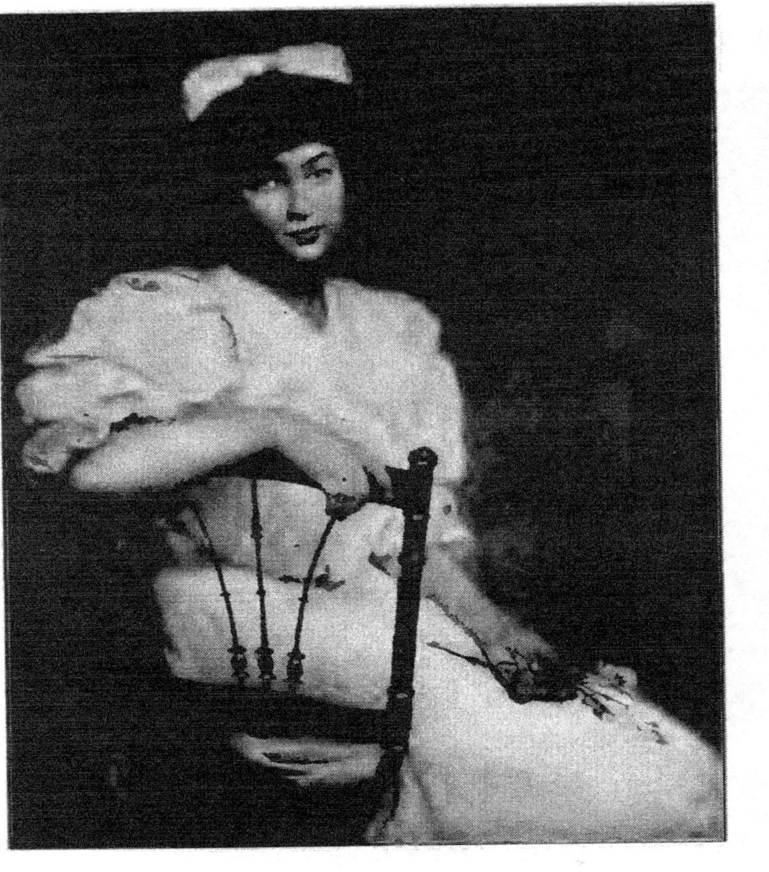

VISCONTI (E. D'ANGELO). *Portrait de Mlle B. Lindheimer.*

FLANDRIN (J.). *Portrait de Mlle A. L.*

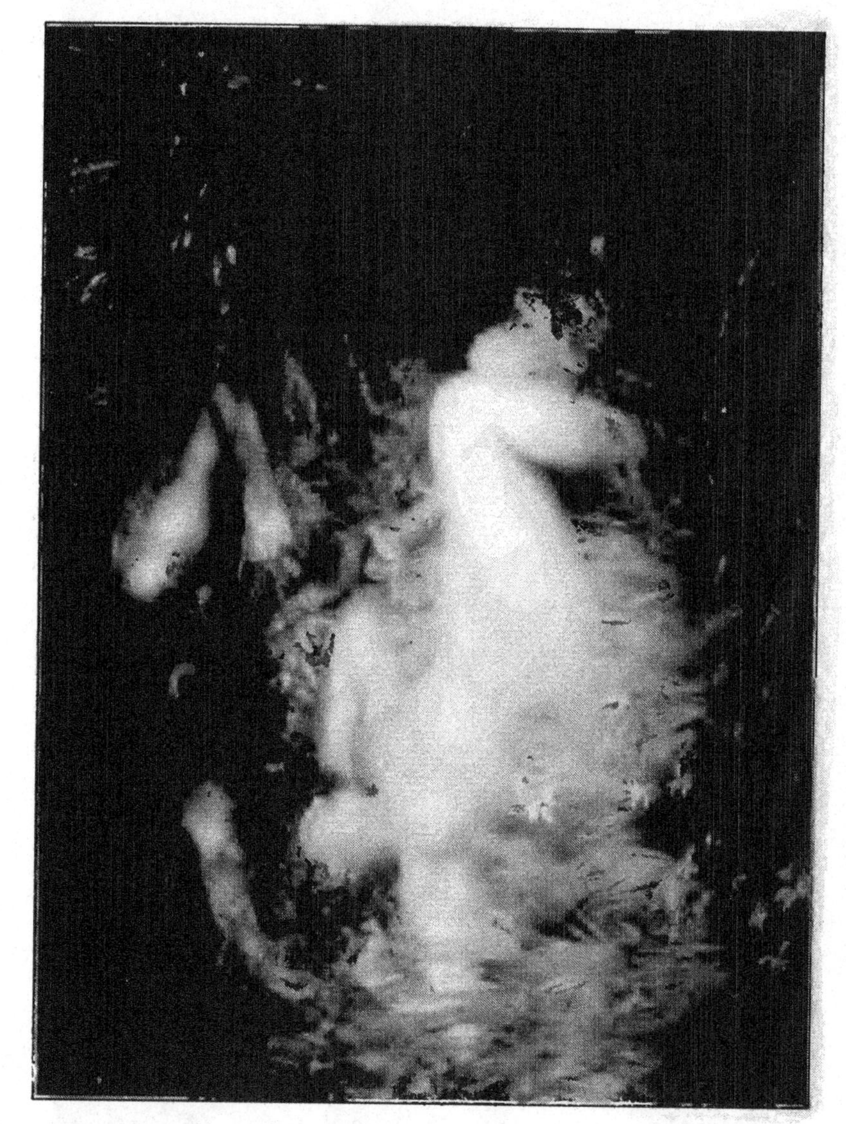

Monod (L. H.). *Flava Lycorias.*

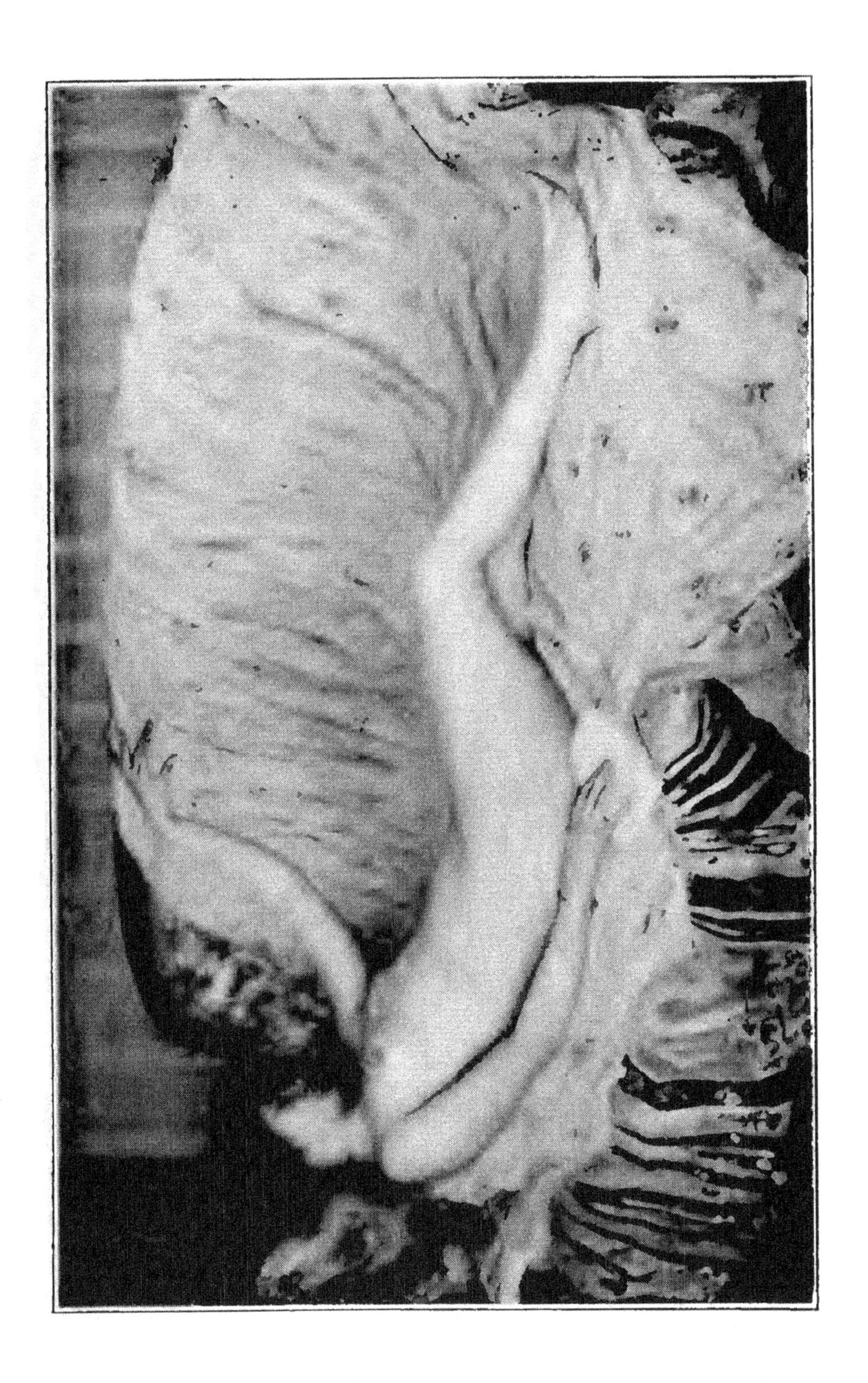

Damoye (P. E.). *Soleil couchant (Honfleur.)*

GILLOT (E. L.). *Fête de nuit à Naples donnée en l'honneur de M. Emile Loubet, Président de la République Française.*

THAULOW (F.). *La neige en Normandie.*

LE GOUT GÉRARD (F.) a *Tunis, le matin.*

Billotte (R.). *Carrières d'Argenteuil (lever de lune).*

Le Gout Gérard (F.). *Le port de Concarneau.*

ROUSSEAU (J. J.). *L'Herbage au matin.*

ZULOAGA (I.). *Mes cousines.*

TRUCHET (A.). *Femmes dans un bar.*

BARAU (E.). *La forge.*

MESDAG (H. W.). *Le Matin (brouillard)*.

BROWN (H.). *L'honorable Diana Lister.*

GERVEX (H.). *Etude pour le plafond de la Mairie du XIXe arrondissement.*

LOBRE (M.). *Petit salon bleu et or (Château de Versailles).*

Berton (A.). *Avant la toilette.*

Point (A.). *Une Muse (peinture à la cire.)*

Bracquemond (P.). *Femme au perroquet.*

Berg (J.). *Dame hollandaise.*

Guérin (Ch.). *Toilette.*

SALA (J.). *Portrait d'Odette et Jacques.*

LA HAYE (A.). *Portrait d'enfant.*

Chaffanel (E.). *Le Thé.*

Myrton-Michalski (S.-V.)
Dame en noir (portrait).

WAIDMANN (P.). *Le vieux canal.*

LEMOIGNE (Mlle M.). *Femme couchée.*

WAHLBERG (A.). *Le vieux fort de Bohus (Suède).*

GIRAN-MASE (L.-M.). *Femmes au bord de l'Oise.*

Frank (L.). *Jour de marché; Furnes.*

Lisbeth-Delvolve-Carrière. *Coings.*

LE PAN DE LIGNY (J.). *Noce bretonne à Kerglas (Morbihan).*

BOUILLETTE (E.). *Portrait de Mme H.*

SUDDA (E. DELLA). *Les espaliers de Rautigny (Ile-de-France).*

BASTIEN-LEPAGE (E.). *Chemin de la prairie.*

BUYSSE (G.). *Matinée de septembre.*

CHEVALIER (E.-J.). *Paysage aux îles Chausey.*

COSTEAU (G.). *Le Lac (panneau décoratif.)*

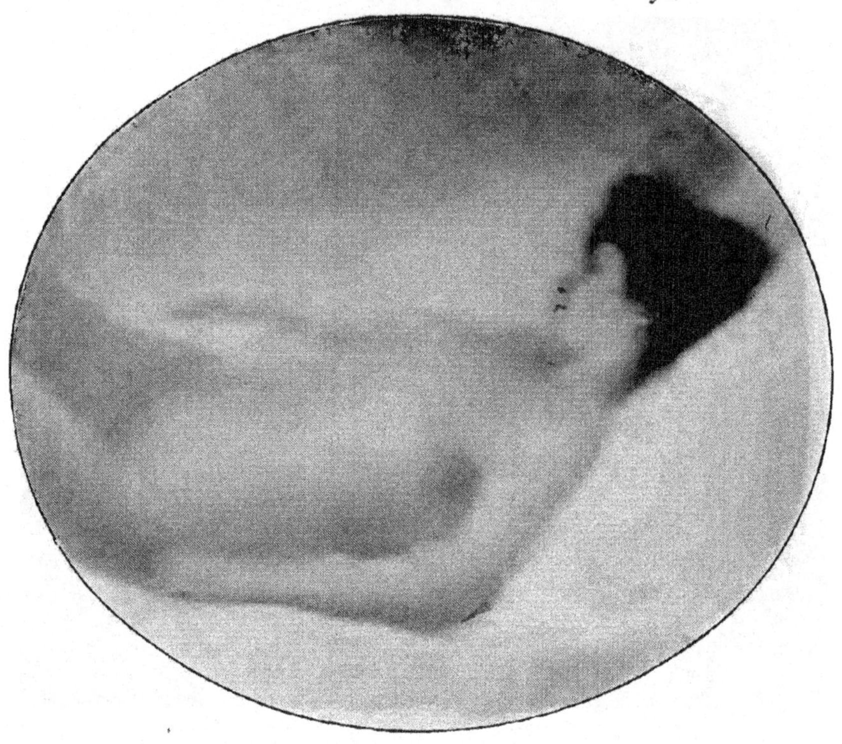

PICARD (G.). *Etude.*

LE CAMUS (L.). *Le Gardon.*

GUIGNARD (G.). *Le cerf à l'eau (panneau décoratif).*

DUMOULIN (L.). *Cour de ferme.*

MORISSET (H.-F.). *Le chameau.*

Carolus-Duran (E. A.). *Portrait de Mme XXX.*

GRIVEAU (L.) *Le retour à la ferme.*

LEWISOHN (R.). *Le moissonneur.*

BITTINGER (C.). *La salle du Conseil* (Palais de Versailles).

DENIS (M.). *Portrait de Mme de L. L. et de ses enfants.*

Loup (E.). *Tête d'Etude.*

HERGESHEIMER (Mlle E.). — *Paysanne hollandaise et ses enfants.*

MUENIER (J. A.). — *Retour de l'enfant prodigue.*

LHERMITTE (L.-A.). *Chez les humbles.*

STERNBERG-DAVIDS (N.). *L'enfant à la poupée.*

MARLEF (Mme C.) *Portrait.*

Durst (A.). *Paysage à Chanac (Lozère).*

MENARD (E. R.). — *Nus au Crépuscule.*

STEWART (J. L.). — *Rédemption.*

Cottet (C.). *Place de Ségovie (soleil couchant).*

LÉVY (A.). *L'homme qui éternue.*

MATHEY (P.). *Portrait de M. R.*

Vidal (E.-V). *Jeune femme serrant son corset.*

Feliu (M.). *Nana.*

DESLIENS (Mme C.-M.) *Les bons comptes font les bons amis.*

SIMONIDY (M.) *Portrait de Mlle de B.*

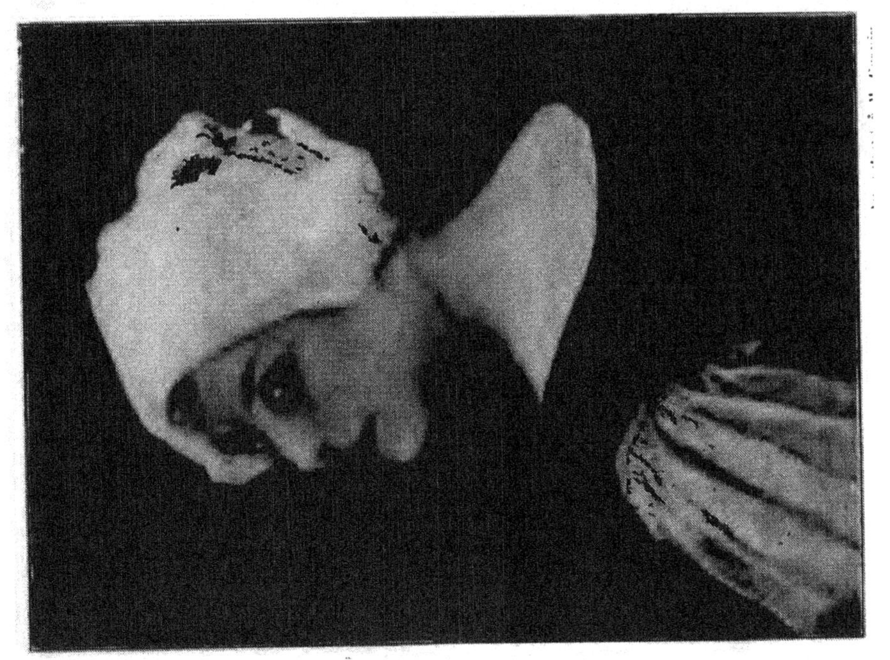

Meslé (J. P.). *Vieilles maisons à Sainte-Aulde.*

Van Hove (E.). *Un savant.*

SOUILLET (G. F.). *Eclaircie dans la brume.*

BELLERY-DESFONTAINES (H.). *Portrait.*

CLAUS (E.). *Fenaison.*

DAVID-NILLET (G.). *Le Puits.*

NORSELIUS (E. P.). *Les derniers rayons.*

FLEURY (Mme F.). *Madame P.*

WEERTS (J. J.). *La bella Simonetta.*

DELACHAUX (L.). *Lingère.*

MOREAU-NÉLATON (E.). *Le bouquet.*

Cabrit (J.). *Une vallée à Saint-Palais; la saison dorée.*

Latenay (G. de). *Escaut.*

AUBLET A., *Femme de Djerba (Tunisie).*

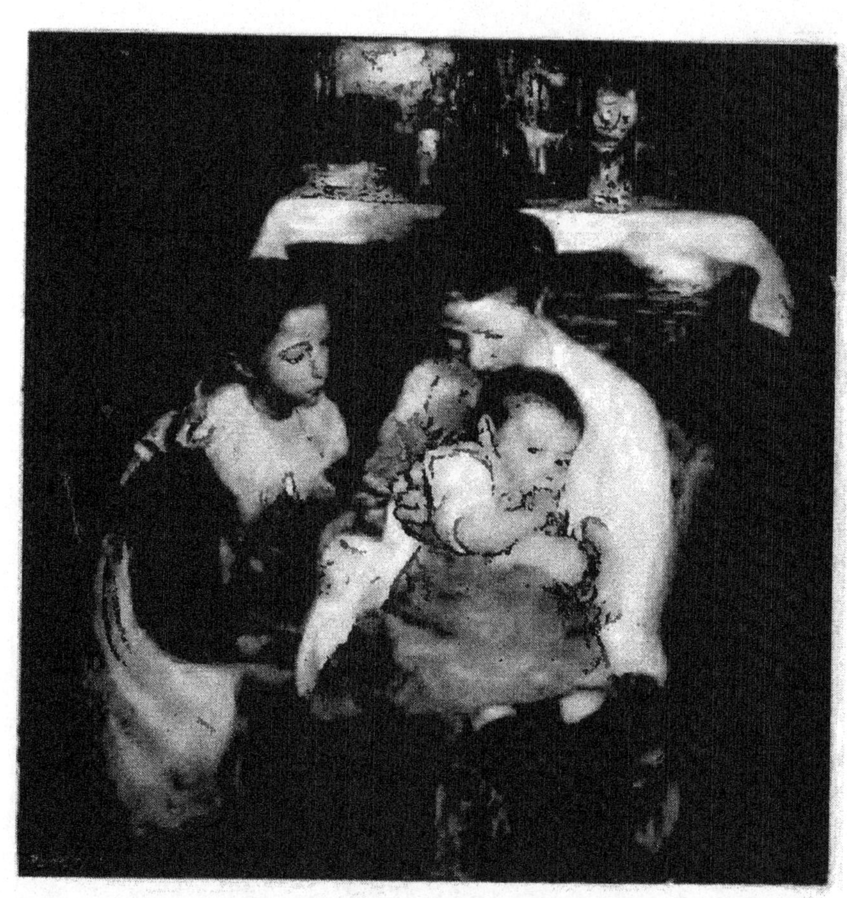

NOURSE (M[lle] E.). *Les jours heureux.*

FRIANT (E.). *Toilette rustique.*

VAYSSE (L.). *Lever de lune à Savières.*

RŒDERSTEIN (O. W.). *La Sœur de charité.*

GARRIDO (L. R.). *En conseil de famille.*

HOUBRON (F.). *Mardi-Gras (Paris).*

THAULOW (F.). *L'entrée du château royal à Copenhague.*

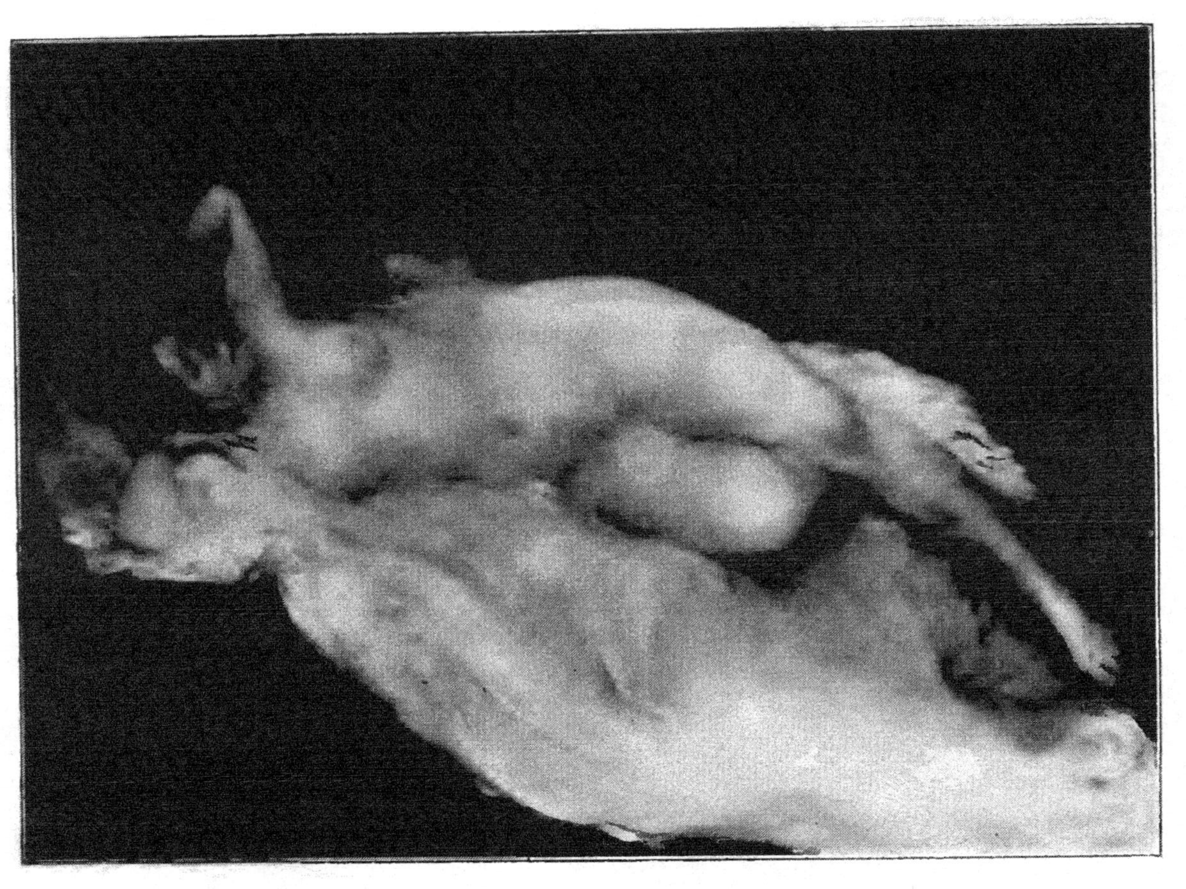

BERTON (A.). *Le repos après le bain.*

Auburtin (J.-F.). *The little white dancing girl (Miss Helen W.).*

Mathey (P.). *Portrait de Mme M. M.*

KAUTSCH (H.). *Plaquette.*

SPICER-SIMSON (T.). *M. Henri Monod.*

ROOSEN (H.). "*Acaltement*".

Aronson (N.). *Fontaine.*

Nocquet (P.-A.). *L'Effort.*

BUGATTI (R.). *Éléphant et chameau.*

CAROLUS-DURAN
DES BEAUX-ARTS

FROMENT-MEURICE (J.). *Le retour du marché de Bayonne (impression du pays basque).*

VOULOT (F.). *Les deux sœurs.*

MULOT (A.). *Midinette.*

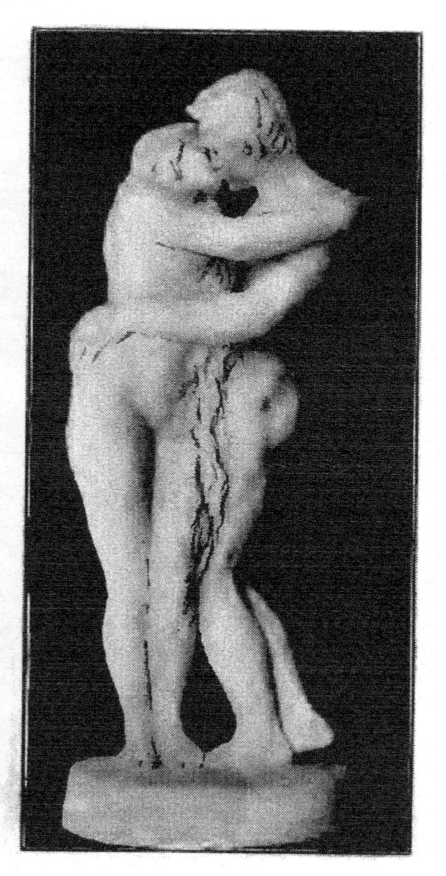

VOULOT (F.). *Le pardon.*

Soldat du génie
(armée américaine)

Le général Sherman devant le feu du bivouac.

Soldat d'infanterie
(armée américaine)

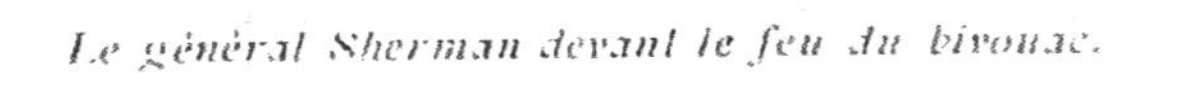

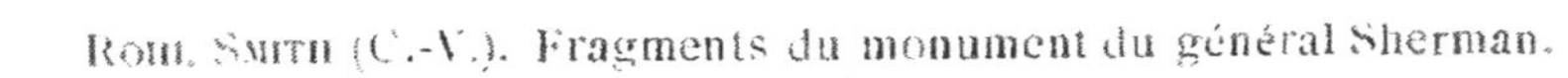

ROH. SMITH (C.-V.). Fragments du monument du général Sherman.

ESCOULA. *Angelus.*

FRICK (P. DE) « *Louise* »

FRICK (P. DE). « *Le Froid* »

LÉONARD (G.). *Le Vampire.*

F. GOLDSCHEIDER, ÉDITEUR, 28, AVENUE DE L'OPÉRA, PARIS,

TABLE DES GRAVURES

PEINTURE

SCULPTURE

CHEMIN DE FER DU NORD

SAISON DES BAINS DE MER

de la veille des Rameaux au 31 Octobre

BILLETS D'ALLER ET RETOUR

Prix (non compris le timbre de quittance.) et durée du trajet au départ de Paris

De Paris aux stations ci-dessous	BILLETS de SAISON de FAMILLE Valables pendant 33 jours — PRIX pour 3 personnes			Prix pour chaque personne en plus			BILLETS hebdomadaires PRIX (a) par personne			BILLETS d'excursion PRIX (b) par personne	
	1re cl.	2e cl.	3e cl.	1re cl	2e cl.	3e cl.	1re cl.	2e cl.	3e cl	2e cl.	3e cl.
	fr. c.	fr. c.	fr. c.	fr. c.	fr. c	fr. c	fr. c.	fr. c.	fr. c.	fr c.	fr. c.
Berk	149 40	101 40	66 30	25 60	17 45	11 45	31 »	24 15	17 »	11 15	7 35
Boulogne (ville)	170 70	115 20	75 »	28 45	19 20	12 50	34 »	25 70	18 90	11 10	7 30
Calais (ville)	198 30	133 80	87 30	33 05	22 30	14 55	37 90	29 »	21 8.	12 35	8 10
Cayeux	137 55	93 60	61 20	24 »	16 45	10 80	29 30	23 05	15 95	11 »	7 25
Conchil-le-Temple (Fort-Mahon)	140 40	94 80	61 80	23 40	15 80	10 30	28 80	22 50	15 75	9 75	6 35
Dannes.Camiers	137 20	106 20	69 30	26 20	17 70	11 55	31 70	24 40	17 50	10 50	6 85
Dunkerque	204 90	138 30	90 30	34 15	23 05	15 05	38 85	29 95	22 60	12 50	8 20
Enghien-les-Bains	»	»	»	»	»	»	2 »	1 45	» 95	»	»
Etaples	132 40	02 90	67 20	25 40	17 15	11 20	30 90	23 95	17 »	10 35	6 75
Eu	120 90	81 60	53 10	20 15	13 60	8 85	25 40	20 10	13 70	8 85	5 75
Fort-Mahon-Plage(3)	141 30	96 60	64 20	24 15	16 70	11 30	29 50	23 35	16 65	10 80	7 45
Ghyvelde (Bray-Dunes	213 »	143 70	93 60	35 50	23 95	15 60	30 95	31 15	23 40	12 50	8 20
Gravelines (Pt-Ft-Philippe	204 90	138 30	90 30	34 15	23 05	15 05	38 85	29 95	22 60	12 50	8 20
Le Crotoy	131 25	89 10	58 20	22 60	15 40	10 10	27 90	21 95	15 15	10 25	6 75
Leffrinckouke-Malo-Terminus	209 10	141 »	92 10	34 85	23 50	15 35	39 40	30 55	23 05	12 50	8 20
Le Tréport-Mers	123 »	83 10	54 »	20 50	13 85	9 »	25 75	20 35	13 90	9 »	5 85
Loon-Plage	204 30	138 »	90 »	34 05	23 »	15 »	38 75	29 90	22 50	12 50	8 20
Marquise-Rinxent	182 10	123 »	80 10	30 35	20 50	13 35	35 60	26 80	20 05	11 75	7 70
Noyelles	126 90	85 80	55 80	21 15	14 30	9 30	26 45	20 85	14 35	9 15	5 95
Paris-Plage (*)	156 »	105 90	70 20	26 60	18 15	12 20	32 10	24 95	18 »	11 35	7 75
Pierrefonds	66 »	44 40	29 10	11 »	7 40	4 85	15 40	11 50	7 60	»	»
Quend-Fort-Mahon	137 70	93 »	60 60	22 95	15 50	10 10	28 30	22 15	15 45	9 60	6 25
Quend-Plage	140 70	96 »	63 60	23 95	16 50	11 10	29 30	23 15	16 45	10 60	7 25
Rang-du-Fliers-Verton (Plage Merlimont)	145 20	98 10	63 90	24 20	16 35	10 65	29 60	23 05	16 20	10 05	6 55
St-Amand	159 90	108 »	70 50	26 65	18 »	11 75	32 20	24 65	17 75	»	»
St-Amand-Thermal	163 20	110 10	72 »	27 20	18 35	12 »	32 80	24 95	18 10	»	»
Saint-Valéry-sur-Somme	131 10	88 50	57 60	21 85	14 75	9 60	27 15	21 35	14 75	9 30	6 05
Serqueux (Forges-les-Eaux)	98 70	66 60	43 50	16 45	11 10	7 25	21 50	16 70	11 25	»	»
Wimille-Wimereux	174 60	117 90	76 80	29 10	19 65	12 80	34 55	26 10	19 30	11 25	7 40
Woincourt	126 90	85 80	55 80	21 15	14 30	9 30	26 45	20 85	14 35	9 15	5 95
Zuydcoote-Nord-Plage	211 80	142 80	93 »	35 30	23 80	15 50	39 80	30 95	23 25	12 50	8 20

(a) Valables du vendredi au mardi ou de l'avant-veille au surlendemain des fêtes légales.

Des carnets comportant cinq billets d'aller et retour sont délivrés dans toutes les gares et stations du réseau a destination des stations balnéaires ci-dessus, — le voyageur qui prendra un carnet pourra utiliser les coupons dont il se compose à une date quelsconque dans le délai de 33 jours, non compris le jour de distribution.

b) Valables pendant une journée les dimanches et jours de fêtes légales.

Une réduction de 5 à 25 °/o est faite selon le nombre des membres de la famille.

Note importante. — Pour les heures de départ et d'arrivee, ainsi que pour les autres billets speciaux de bains de mer, consulter les affiches.

* Les billets à destination de Paris-Plage ne sont délivrés que du 15 mai au 15 octobre. Avant et apres cette periode, la distribution et la prolongation des billets resteront limitées à Étaples.

CHEMINS DE FER DE L'ÉTAT

BILLETS D'EXCURSION AU LITTORAL DE L'OCÉAN valables 33 jours, délivrés du vendredi, avant-veille des Rameaux, au 31 octobre.

PRIX — a) Billets individuels : 1re cl. 60 fr. ; 2e cl. 45 fr. ; 3e cl. 30 fr.

b) Billets de famille, pour une famille d'au moins 3 personnes, prix des billets individuels réduits de 10 à 25 °/o, suivant le nombre des personnes composant la famille.

23e Année. — 100.000 Abonnés

LES ANNALES

Politiques & Littéraires

LUE PAR TOUS — LUE PARTOUT

Revue Universelle, paraissant le Dimanche

15, Rue Saint-Georges, 15, PARIS

Cette Revue, exclusivement littéraire, n'est inféodée à aucun parti politique.

Chaque Numéro, rédigé par nos plus célèbres écrivains renferme l'histoire de la semaine écoulée.

Les « Annales Politiques et Littéraires » (Journal de la Famille), peuvent être mises entre toutes les mains.

PAR AN : 52 Numéros. — 52 Morceaux de Musique
1000 Gravures. — 300.000 Lignes de Texte

En outre, au numéro des "ANNALES", se trouve annexé un Supplément bi-mensuel

La FEMME

Ce supplément, plutôt qu'un journal de modes, proprement dit, est un guide dans la Famille. Il parle modes toilettes, fournit patrons et costumes, mais en restant toujours dans le domaine pratique.

Ajoutons que Cousine Yvonne, qui dirige *La Femme*, ne laisse aucune lettre sans réponse, empressée à être agréable ou utile à ses lectrices, qui sont pour elle non seulement des amies, mais des cousines.

Chaque quinzaine, alternant avec "LA FEMME" :

Le SUPPLÉMENT de 16 pages, **La VEILLÉE**

contenant :

MONOLOGUES, THÉATRE DE SOCIÉTÉ, JEUX, RÉCRÉATIONS, etc.

ABONNEMENT AUX « ANNALES »

TEXTE, GRAVURES, MUSIQUE, "LA FEMME" & "LA VEILLÉE"

	UN AN		SIX MOIS
France	10 fr. »	France	5 fr. 50
Union postale	12 fr. 50	Union postale	6 fr. 50

Imp. des Annales, 15, r. St-Georges. — Vinsonau.

CPSIA information can be obtained
at www.ICGtesting.com
Printed in the USA
BVOW09s0942100118
504960BV00024B/1036/P